MY WRITING COACH

내신서술형 중2

FEATURES OF MY WRITING COACH

" 영어의 활용 능력 향상에 초점을 맞춘 교육의 점층적 변화에 따라 서술형 문제에 대한 중요성이 날로 강조되고 있습니다. 객관식 문제의 해결 능력과는 달리, 서술형의 문제 해결을 위해서는 문법을 정확히 알고, 종합적으로 활용할 수 있는 능력이 필요하며, 단순 암기로는 해결할 수 없는 부분이 존재합니다. 따라서 서술형에서의 감점 요소와 요인은 다양하며 이에 따라 내신 등급에도 큰 영향을 미칠 수 있습니다.

〈EBS MY WRITING COACH〉의 목표는 서술형 문제 해결 능력의 100% 습득입니다. 학교 현장에서 내신 서술형에 실제로 출제되는 다양한 유형의 문제 분석을 통해 주요 문법 포인트별로 빈출 서술형 문제 유형이 정리되어 있으며, 문제 해결에 필요한 문법적, 구조적 학습과 단계별 학습이 가능하도록 설계되어 실질적인 학습 효과를 거둘 수 있습니다. "

WORD PREVIEW

학습에 들어가기 전 미리 단어를 확인하여 학습의 효과를 최대화할 수 있습니다.

틀리기 쉬운 단어

서술형에서 빈번한 감점 요인 중의 하나인 철자 오류에 대비하기 위해 틀리기 쉬운 철자를 미리 확인할 수 있습니다.

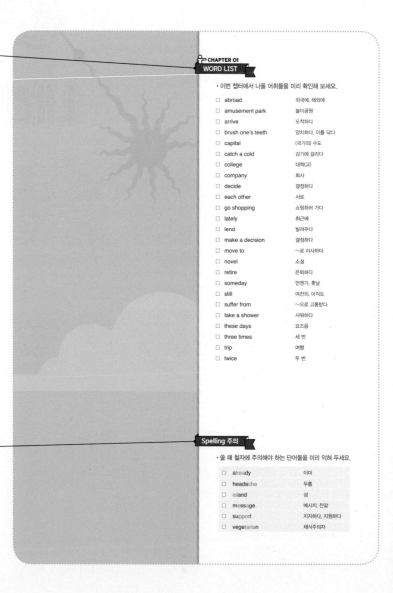

CHAPTER 01
WORD LIST

• 이번 챕터에서 나올 어휘들을 미리 확인해 보세요.

☐ abroad	외국에, 해외에
☐ amusement park	놀이공원
☐ arrive	도착하다
☐ brush one's teeth	양치하다, 이를 닦다
☐ capital	(국가의) 수도
☐ catch a cold	감기에 걸리다
☐ college	대학(교)
☐ company	회사
☐ decide	결정하다
☐ each other	서로
☐ go shopping	쇼핑하러 가다
☐ lately	최근에
☐ lend	빌려주다
☐ make a decision	결정하다
☐ move to	~로 이사하다
☐ novel	소설
☐ retire	은퇴하다
☐ someday	언젠가, 훗날
☐ still	여전히, 아직도
☐ suffer from	~으로 고통받다
☐ take a shower	샤워하다
☐ these days	요즘
☐ three times	세 번
☐ trip	여행
☐ twice	두 번

Spelling 주의

• 쓸 때 철자에 주의해야 하는 단어들을 미리 익혀 두세요.

☐ already	이미
☐ headache	두통
☐ island	섬
☐ message	메시지, 전갈
☐ support	지지하다, 지원하다
☐ vegetarian	채식주의자

교재
내용
문의 | 교재 내용 문의는 EBS 중학사이트
(mid.ebs.co.kr)의 교재 Q&A
서비스를 활용하시기 바랍니다.

교 재
정오표
공 지 | 발행 이후 발견된 정오 사항을 EBS
중학사이트 정오표 코너에서 알려 드립니다.
교재학습자료 → 교재 → 교재 정오표

교재
정정
신청 | 공지된 정오 내용 외에 발견된 정오 사항이 있다면
EBS 중학사이트를 통해 알려 주세요.
교재학습자료 → 교재 → 교재 선택 → 교재 Q&A

MY WRITING COACH

내신서술형 중2

📄 정답과 해설은 EBS 중학사이트(mid.ebs.co.kr)에서 다운로드 받으실 수 있습니다.

중학 내신 영어 해결사
MY COACH 시리즈

MY GRAMMAR COACH	기초편, 표준편
MY GRAMMAR COACH 내신기출 N제	중1, 중2, 중3
MY READING COACH	LEVEL 1, LEVEL 2, LEVEL 3
MY WRITING COACH 내신서술형	중1, 중2, 중3
MY VOCA COACH	중학 입문, 중학 기본, 중학 실력

서술형 필수 문법 & 빈출 유형 학습

UNIT 01 현재, 진행, 과거 시제 시제 판단

빈출 유형 | 대화 완성

대화를 읽고, 밑줄 친 우리말을 알맞게 영작하시오.
(단, 동사의 형태를 변형할 것)

> A: Is Suyoung coming?
> B: She is here already. 그녀는 한 시간 전에 도착했어.
>   (arrive, ago, an hour)

→ _____

문장력 UP
- 영 그녀(she)
- 동II 도착했다(과거) → arrived
- 어순 S + V + 나머지 말(~ ago)

필수 문법

| 1 | 반복되는 일, 습관, 현재의 사실, 상태 등은 동사의 현재형을 써서 현재 시제를 나타내요.

동사의 종류	동사의 현재형	예문
be동사	am, are, is	He is a banker. 그는 은행원이다.
일반동사	원형 또는 원형-(e)s	He works at a bank. 그는 은행에서 일한다.

- be동사: I – am, 3인칭 단수 주어 – is, you와 복수 주어 – are
- 일반동사: 3인칭 단수 주어 – 원형-(e)s, 그 밖의 주어 – 원형

- 현재 시제와 현재 진행 시제의 의미를 구별하세요.
  - [현재 시제: 반복적인 일] He cleans his room every week. 그는 매주 그의 방을 청소한다.
  - [현재 진행 시제: 진행 중인 일] He is cleaning his room now. 그는 지금 그의 방을 청소하고 있다.

| 2 | 과거에 끝난 일은 동사의 과거형을 써서 과거 시제를 나타내요. 과거를 나타내는 부사(구)를 참고하세요.

동사의 종류	동사의 과거형	예문
be동사	was, were	He was a banker 3 years ago. 그는 3년 전에 은행원이었다.
일반동사	-ed 또는 불규칙	He worked at a bank then. 그는 그때 은행에서 일했다.

- be동사: I와 3인칭 단수 주어 – was, 그 밖의 주어 – were

- 과거를 나타내는 부사들을 알아 두세요.
  - ~ ago: ~ 전에   last ~: 지난 ~에   the other day: 며칠 전에
  - yesterday: 어제   (back) then: 그때   in/on/at + 과거 시간: ~(언제)에

빈출 유형 해결

해결
- ☑ '한 시간 전에'이므로 동사는 과거형인 arrived를 써야 해요.
- ☑ 〈주어 + 동사〉인 She arrived를 쓰고, 목적어나 보어가 없으므로 나머지 말인 부사구 an hour ago(한 시간 전에)를 써요.

정답 She arrived an hour ago.

---

① 빈출 유형

챕터에서 다루고 있는 문법 요목을 유닛별로 나누어 빈출 유형의 문제가 제시됩니다. 학습자들이 문제를 직접 해결해 볼 수 있도록 구성되어 있습니다.

② 문장력 UP

서술형 문제의 가장 기본적인 유형인 '문장 완성, 배열, 영작' 등의 문제를 풀 때, 문장의 성분을 이해하고 시제와 어순에 맞게 쓸 수 있게 하는 단서들이 〈문장력 UP(활용 능력 UP)〉 코너에 제시됩니다. 이로써 빈출 유형별로 문장을 쉽고도 정확하게 쓸 수 있습니다.

③ 필수 문법

문제 해결에 요구되는 필수적인 문법이 정리되어 있습니다. 제시된 빈출 유형을 해결하는 데 어떤 문법적 요소가 요구되는지를 필수 문법을 통해 확인하고 학습할 수 있습니다.

④ 빈출 유형 해결

빈출 유형의 풀이 과정 및 정답을 제시하여 학습자들이 직접 풀어 본 것과 비교해 볼 수 있고, 직접 풀지 않더라도 풀이 과정과 답을 보며 직접 풀이한 것과 같은 효과를 낼 수 있습니다.

FEATURES OF MY WRITING COACH

❶ 빈출 유형 오답 풀이
(PRACTICE 01)

빈출 유형과 동일한 유형의 또 다른 문제와 오답을 보며, 어느 부분이 틀렸고 어떻게 써야 했었는지를 확인하며 학습할 수 있습니다.

❷ 빈출 유형 훈련
(PRACTICE 02-04)

빈출 유형과 동일한 유형의 다른 문제들을 직접 해결하며 배운 내용을 확인 학습할 수 있습니다.

❸ 다양한 서술형 유형 훈련
(PRACTICE 05-10)

해당 유닛에서 학습한 내용을 토대로 빈출 유형 이외의 다양한 유형을 직접 풀어 보며 완벽한 서술형 대비 학습이 가능합니다.

실전 유형으로 PRACTICE

실전 유형으로 PRACTICE
정답과 해설 • 2쪽

[01~04] 대화를 읽고, 밑줄 친 우리말을 알맞게 영작하시오.
(단, 동사의 형태를 변형할 것)

01
> A: Is she helping Gisu?
> B: Yes, she is.
> Actually, 그녀는 매주 그를 도와줘.
> (help, every week)

→ she is helping him every week (X)

위의 오답에서 틀린 부분을 찾아 바르게 고쳐 주세요.
☑ 시제　　☑ 동사 형태

→ _____

'매주'와 같이 반복적으로 하는 일은 현재 시제로 표현해요.

02
> A: Is Misu busy?
> B: I think so. 그녀는 지금 일하고 있어.
> (work, now)

_____

03
> A: I think he is a great chef.
> B: I heard 그는 3년 전에 가수였어.
> (ago, a singer, be)

_____

3년 전의 일이므로 동사의 과거형을 써야 해요.

04
> A: Is she from China?
> B: Yes, she is.
> But 그녀는 일본에 살았어 when she was young. (live, Japan, in)

_____

[05~06] 밑줄 친 부분에서 어법상 틀린 부분을 찾아 고쳐 쓰시오.

05 Linda knows him then.

_____ → _____

06 Mr. Ford is a teacher in 2010.

_____ → _____

[07~08] 우리말과 일치하도록 주어진 말을 알맞게 배열하시오.
(단, 동사의 형태를 변형할 것)

07
> 그는 어제 내게 카드 한 장을 주었다.
> (give / card / yesterday / me / a)

→ He _____.

08
> 그들은 지금 병원에서 일하고 있다.
> (work / hospital / they / a / at / be)

→ _____ now.

[09~10] 우리말과 일치하도록 주어진 말을 활용하여 문장을 완성하시오. (단, 동사의 형태를 변형할 것)

09
> 나는 작년에 여기로 이사 왔다.
> (move, here, last year)

→ I _____.

10
> 그녀는 매일 쇼핑을 간다.
> (go, shopping, every day)

→ She _____.

중간고사 · 기말고사 실전문제

챕터별 실전문제를 제공하여 챕터에서 다룬 여러 유닛의 내용을 종합적으로 복습하고 확인 학습할 수 있을 뿐만 아니라, 학교별 중간고사 · 기말고사의 범위에 맞춘 학습도 가능합니다.

WORKBOOK

본책의 중간고사 · 기말고사 실전문제와 동일하게, 다양한 빈출 유형으로 챕터별로 추가 학습하여 실력을 다질 수 있습니다.

정답과 해설

정답과 함께, 문제 해결에 필요한 필수 문법 및 주의할 포인트를 확인 학습할 수 있습니다.

CONTENTS & STUDY PLAN

CHAPTER 01 시제	01	현재, 진행, 과거 시제 – 시제 판단	p. 14	1주차	✔
	02	현재완료 시제와 형태 – have + 과거분사형	p. 16		☐
	03	현재완료의 의미 – 계속 / 경험 / 완료 / 결과	p. 18		☐
	04	현재완료의 활용 – have been to vs. have gone to	p. 20		☐
CHAPTER 02 조동사	01	조동사 can의 쓰임 – 능력 / 요청	p. 28		☐
	02	조동사 can, may의 쓰임 – 허락 / 금지 / 추측	p. 30		☐
	03	조동사 must – 의무 / 금지 / have to	p. 32		☐
	04	조동사 should, had better – 충고 / 조언	p. 34		☐
CHAPTER 03 수동태	01	수동태의 의미와 형태	p. 42	2주차	☐
	02	수동태의 시제와 조동사	p. 44		☐
	03	수동태의 부정문, 의문문, 대답	p. 46		☐
	04	주의해야 할 수동태 – by 이외의 전치사, 구동사	p. 48		☐
CHAPTER 04 to부정사	01	to부정사의 명사적 쓰임 1 – 주어 / 보어 / 가주어 it	p. 56		☐
	02	to부정사의 명사적 쓰임 2 – 목적어	p. 58		☐
	03	to부정사의 형용사적 쓰임	p. 60		☐
	04	의문사 + to부정사	p. 62		☐
	05	to부정사의 부사적 쓰임 – 목적 / 감정의 원인	p. 64		☐
	06	to부정사를 이용한 표현 – too ~ to V / ~ enough to V / so ~ that	p. 66		☐
CHAPTER 05 동명사와 분사	01	동명사의 명사적 쓰임 1 – 주어 / 보어	p. 74	3주차	☐
	02	동명사의 명사적 쓰임 2 – 목적어	p. 76		☐
	03	동명사 목적어 vs. to부정사 목적어	p. 78		☐
	04	동명사 관용 표현	p. 80		☐
	05	분사의 형태와 명사 수식 역할	p. 82		☐
	06	분사의 보어 역할과 감정 분사	p. 84		☐

CHAPTER 06 형용사, 부사, 대명사	01	형용사의 역할	p. 92	3주차	☐
	02	수량 형용사	p. 94		☐
	03	빈도 부사	p. 96		☐
	04	부정 대명사 / 부정 형용사 1 – one / another / the other	p. 98		☐
	05	부정 대명사 / 부정 형용사 2 – all / each / every / both 등	p. 100		☐
	06	재귀 대명사	p. 102		☐
CHAPTER 07 비교 표현	01	원급 비교 – as ~ as	p. 110	4주차	☐
	02	비교급 – -(e)r, more ~	p. 112		☐
	03	최상급 – -(e)st, the most ~	p. 114		☐
	04	원급과 비교급을 이용한 표현	p. 116		☐
CHAPTER 08 문장의 주요 형식	01	동사 뒤에 오는 말 – SV / SVO / SVC	p. 124		☐
	02	목적어를 2개 쓰는 동사 – SVOO	p. 126		☐
	03	목적어와 목적격 보어를 쓰는 동사 – SVOC	p. 128		☐
	04	목적격 보어로 to부정사를 쓰는 동사 – SVOC	p. 130		☐
	05	사역 동사의 목적격 보어 – SVOC	p. 132		☐
	06	지각 동사의 목적격 보어 – SVOC	p. 134		☐
CHAPTER 09 접속사	01	접속사 and, but, or, so	p. 142	5주차	☐
	02	명령문, and / or	p. 144		☐
	03	상관 접속사	p. 146		☐
	04	부사절을 이끄는 접속사	p. 148		☐
	05	명사절 1 – that절	p. 150		☐
	06	명사절 2 – 의문사절 / if절 / whether절	p. 152		☐
CHAPTER 10 관계대명사	01	주격 관계대명사 – who / which / that	p. 160		☐
	02	목적격 관계대명사 – who(m) / which / that	p. 162		☐
	03	소유격 관계대명사 whose	p. 164		☐
	04	관계대명사 what	p. 166		☐
부록		불규칙 동사 변화	p. 172		

CONTENTS_MY WRITING COACH
내신서술형 중1

CHAPTER 01 be동사와 일반동사	01 be동사의 현재형 02 be동사의 부정문과 의문문 03 일반동사의 현재형 04 일반동사의 부정문 05 일반동사의 의문문과 대답
CHAPTER 02 시제	01 be동사 과거 시제 02 일반동사 과거 시제 03 진행형 04 진행형의 부정문과 의문문 05 미래 표현 will 06 미래 표현 be going to
CHAPTER 03 조동사	01 can, may 02 must, should 03 have to
CHAPTER 04 명사와 대명사	01 셀 수 있는 명사 02 셀 수 없는 명사 03 There is/are + 명사 04 인칭 대명사 05 재귀 대명사, 비인칭 주어 it 06 one, another, the other
CHAPTER 05 형용사, 부사, 비교	01 형용사 02 수량 형용사 03 일반 부사와 빈도 부사 04 as ~ as 원급 비교 05 비교급 06 최상급
CHAPTER 06 문장의 종류	01 명령문 02 감탄문 03 청유문, 제안문 04 의문사 의문문 05 〈how + 형용사/부사〉 의문문 06 〈의문사 + 명사〉 의문문 07 부가 의문문
CHAPTER 07 문장의 형식	01 감각 동사 + 형용사 02 4형식 문장 03 3형식 vs. 4형식 04 5형식 문장
CHAPTER 08 to부정사	01 명사적 쓰임 1 – 주어, 보어 02 명사적 쓰임 2 – 목적어 03 부사적 쓰임 – 목적, 감정의 원인 04 형용사적 쓰임
CHAPTER 09 동명사	01 주어와 보어 역할 02 목적어 역할 03 동명사 목적어 vs. to부정사 목적어 04 전치사의 목적어, 동명사 관용 표현
CHAPTER 10 전치사와 접속사	01 전치사 1 – 장소, 위치 02 전치사 2 – 시간 03 등위 접속사 04 부사절 접속사 05 명사절 접속사 that

CONTENTS_MY WRITING COACH
내신서술형 중3

CHAPTER 01 목적격 보어가 있는 5형식 문장	01 목적격 보어로 명사, 형용사를 쓰는 동사 02 목적격 보어로 to부정사를 쓰는 동사 03 사역 동사의 목적격 보어 04 지각 동사의 목적격 보어
CHAPTER 02 시제와 조동사	01 현재완료 시제 02 과거완료 시제 03 완료진행 시제 04 여러 가지 조동사 구문 05 조동사 + have + 과거분사
CHAPTER 03 부정사 / 동명사	01 to부정사의 명사적 쓰임 02 to부정사의 형용사적 쓰임 03 to부정사의 부사적 쓰임 04 의문사 + to부정사 05 seem to / seem that 06 too ~ to / ~ enough to / so ~ that 07 목적어로 to부정사나 동명사를 쓰는 동사
CHAPTER 04 수동태	01 수동태의 의미와 형태 02 수동태의 여러 형태 03 주의해야 할 수동태 04 4형식 문장의 수동태 05 5형식 문장의 수동태
CHAPTER 05 분사	01 명사를 수식하는 분사 02 감정을 표현하는 분사 03 분사구문 1 04 분사구문 2 05 with + 명사 + 분사
CHAPTER 06 비교	01 원급을 이용한 비교 표현 02 비교급을 이용한 비교 표현 03 최상급을 이용한 비교 표현
CHAPTER 07 접속사	01 상관 접속사 02 부사절을 이끄는 접속사 03 명사절을 이끄는 접속사 04 간접 의문문
CHAPTER 08 관계사	01 관계대명사 who(m), which, that, whose 02 관계대명사 what 03 전치사 + 관계대명사 04 관계부사 when, where, why, how 05 관계대명사의 계속적 용법 06 복합관계대명사/복합관계부사
CHAPTER 09 가정법	01 가정법 과거 02 가정법 과거완료 03 I wish + 가정법 04 as if + 가정법 05 without + 가정법
CHAPTER 10 특수 구문	01 강조 02 부분 부정 03 동격 04 도치 05 간접화법 1 06 간접화법 2

THE MOST COMMON MISTAKES

> 여러 가지 문법적 요소를 모두 고려하여 써야 하는 서술형 문제의 특성상, 문제가 중점적으로 요구하는 부분을 학습한 것을 토대로 해결하여 쓸 수 있어야 합니다. 이 과정에서 가장 기본적이며 빈번하게 고려해야 하는 관사나 동사 형태 등에 대해 소홀하게 되어 감점을 받는 안타까운 상황이 많이 일어납니다. 본 교재를 학습하기에 앞서 서술형 문제에서 감점 없이 만점을 받는 데 필요한 너무나도 기본적이며 따라서 가장 중요할 수 있는 부분들을 인지하는 것이 실수를 줄이고, 학습의 동기 부여는 물론 학습의 효과를 극대화하는 결과를 가져올 것입니다.

1. 관사 어려운 문장을 잘 써 놓고 이것 때문에 감점을 받으면 가슴이 쓰리다.

우리말과 일치하도록 주어진 말을 활용하여 문장을 완성하시오.

> 내 아빠는 나에게 새 자전거를 가져다주셨다. (bring, bike, new)
> → My dad brought me new bike. (X)

- ☑ 시제: 동사 bring을 시제에 맞게 과거형 brought로 잘 썼어요.
- ☑ 어순: 4형식 긍정문 〈동사 + 간접 목적어(me) + 직접 목적어(new bike)〉의 순서로 잘 썼어요.
- ☒ 관사: 셀 수 있는 단수 명사 bike에 대한 부정관사를 빼먹었어요!
  - → My dad **brought me a new bike.** (O)

이 답을 쓴 학습자는 분명히 관사의 법칙을 알고 있을 것입니다. 하지만 직접 써야 하는 서술형 문제의 특성상 4형식 어순과 시제까지 신경을 쓰면서 답을 작성하다 보면, 이런 단순한 실수를 자주 하게 됩니다.

MUST CHECK 모든 명사는 항상! 관사가 필요한지 아닌지, 어떤 관사가 필요한지를 꼼꼼히 확인한다.

2. 전치사 의외로 많이 혼동되는 이것 때문에 감점을 받는 경우가 많다.

우리말과 일치하도록 주어진 말을 활용하여 문장을 완성하시오.

> 여기서 학교까지 뛰어가자. (run, here, to)
> → Let's run here to the school. (X)

- ☑ 표현: '~하자, ~합시다'라는 의미의 청유문이므로 Let's를 잘 썼어요.
- ☑ 동사: 〈Let's + 동사원형(run)〉으로 잘 썼어요.
- ☒ 전치사: '여기서 학교까지'는 '여기서부터 학교까지'라는 의미로 '~로부터'라는 전치사 from을 써야 해요.
  - → **Let's run from here to** the school. (O)

이 학습자는 분명히 from의 의미를 알고 있을 것입니다. 하지만 우리말로 표현하지 않는 것들까지 영어로 써야 하는 서술형의 특성상 전치사를 잘못 쓰거나 빼먹는 경우들도 많이 발생합니다.

MUST CHECK 의미에 따라 어떤 전치사를 쓰는지를 알고, <전치사 + 명사>의 형태로 학습하도록 한다.

3. 동사의 현재형 3인칭 단수 주어에 맞는 동사의 현재형은 입이 닳도록 배우지 않았나? 그런데 꼭 틀린다.

대화를 읽고, 주어진 말을 활용하여 대화를 완성하시오.

> A: What does Susan do on weekends?
>
> B: <u>She enjoy playing tennis</u> with her dad. (tennis, enjoy, play) (X)

☑ 목적어: 동사 enjoy에 맞는 동명사 목적어(playing)를 잘 썼어요.

☑ 관사: 운동[경기] 앞에는 관사를 쓰지 않으므로 playing tennis로 잘 썼어요.

☒ 동사: 주어가 3인칭 단수이고 시제가 현재임에도 현재형에 -(e)s를 붙이지 않았어요.

→ **She enjoys playing tennis** with her dad. (O)

주어가 3인칭 단수일 때, 동사의 현재형은 -(e)s를 붙인다는 것을 여러 번 배웠지만, 막상 동사에 맞는 목적어의 형태와 명사의 관사 등을 신경 쓰다 보면 이런 실수를 하게 됩니다.

MUST CHECK 동사를 쓸 때는 반드시 주어와 시제를 확인해야 한다.

4. 동사의 과거분사형 암기하라고 할 때 암기했어야 했다. 모르면 절대 쓸 수 없는 불규칙 과거분사형!

대화를 읽고, 우리말과 일치하도록 주어진 말을 활용하여 대화를 완성하시오.

> A: Would he like some plants for his birthday?
>
> B: <u>그는 어떤 식물도 길러 본 적이 없어.</u> (grow, never, plants, any)
>
> → <u>He has never growed any plants.</u> (X)

☑ 시제: 경험(~한 적 있다)을 나타내는 현재완료 시제를 주어에 맞게 〈has + 과거분사〉로 잘 썼어요.

☑ 부사: never를 조동사인 has와 과거분사 사이에 잘 썼어요.

☒ 과거분사: 현재완료 시제 〈has + 과거분사〉에서 과거분사를 잘못 썼어요. grow는 규칙 변화하는 동사가 아니라 불규칙 변화하는 동사로, 불규칙 동사 변화는 꼭 암기해 두어야 해요.

→ **He has never grown any plants.** (O)

시제 판단, 주어에 맞는 has, never의 위치 등 모든 것을 완벽하게 영작했으나, 정작 과거분사의 형태를 잘못 쓴 아쉬운 답이 되었습니다.

MUST CHECK 불규칙 동사 변화는 무조건 암기하라! 172~175쪽에 수록되어 있는 불규칙 동사 변화를 몇 번 보면 나름의 규칙성이 보인다.

5. 동사의 진행형 <be동사 + V-ing>라고 알고 있지만, 꼭 be동사를 빼먹는다.

우리말과 일치하도록 주어진 말을 활용하여 문장을 완성하시오.

> 내가 그에게 전화했을 때, 그는 샤워하고 있었다. (call, a shower, take)
>
> → When I called him, he taking a shower. (X)

☑ 접속사와 부사절: 접속사 when과 when절의 시제(과거)까지 잘 썼어요.

☑ 표현: take a shower(샤워하다)를 정확하게 알고 있네요.

☒ 진행형: 과거 진행형이라는 것을 분명히 알고 썼지만, was(be동사)를 빼먹었어요.

> → **When I called him, he was taking a shower.** (O)

이런 실수는 말이 안 된다고 생각할지 모르지만, 실제로 많은 학습자가 진행형의 be동사를 빼먹거나, be동사의 시제를 잘못 쓰는 실수를 자주 하게 됩니다.

MUST CHECK 시제를 판단한 후에는, 반드시 동사의 형태를 확인해야 한다.

6. 의문문 & 부정문 기본이지만 어순을 생각하다 보면, 항상 시제 등의 기타 실수를 하게 된다.

대화를 읽고, 주어진 말을 활용하여 대화를 완성하시오.

> A: Is he call you last night? (call) (X)
>
> B: No. He doesn't call me last night. Why do you ask? (X)

☑ 의문문: 의문문은 동사를 주어 앞에 써야 한다는 것을 잘 알고 있네요.

☑ 부정문: 일반동사 부정문은 동사 앞에 〈조동사 do(es)[did] + not〉을 쓰는 것도 알고 있어요.

☒ 조동사: 의문문에서 조동사 do/does/did를 사용하지 않았고, 부정문에서는 시제가 틀렸어요.

> → A: **Did he call** you last night? (O)
>
> B: No. He **didn't call** me last night. Why do you ask? (O)

막상 쓸 때는 의문문의 어순만 판단하고, be동사인지 일반동사인지를 구분하지 않는 경우들이 많습니다. 부정문은 don't인지 doesn't인지를 판단하는 데만 집중하여 정작 시제를 놓치는 경우들도 있습니다.

MUST CHECK 의문문과 부정문은 어순 이외에도 주어, 동사, 시제를 모두 꼼꼼히 따져 보아야 한다.

[01]
시제

Unit 01 현재, 진행, 과거 시제 – 시제 판단

Unit 02 현재완료 시제와 형태 – have + 과거분사형

Unit 03 현재완료의 의미 – 계속 / 경험 / 완료 / 결과

Unit 04 현재완료의 활용 – have been to *vs.* have gone to

WORD LIST

• 이번 챕터에서 나올 어휘들을 미리 확인해 보세요.

☐	abroad	외국에, 해외에
☐	amusement park	놀이공원
☐	arrive	도착하다
☐	brush one's teeth	양치하다, 이를 닦다
☐	capital	(국가의) 수도
☐	catch a cold	감기에 걸리다
☐	college	대학(교)
☐	company	회사
☐	decide	결정하다
☐	each other	서로
☐	go shopping	쇼핑하러 가다
☐	lately	최근에
☐	lend	빌려주다
☐	make a decision	결정하다
☐	move to	~로 이사하다
☐	novel	소설
☐	retire	은퇴하다
☐	someday	언젠가, 훗날
☐	still	여전히, 아직도
☐	suffer from	~으로 고통받다
☐	take a shower	샤워하다
☐	these days	요즈음
☐	three times	세 번
☐	trip	여행
☐	twice	두 번

Spelling 주의

• 쓸 때 철자에 주의해야 하는 단어들을 미리 익혀 두세요.

☐	already	이미
☐	headache	두통
☐	island	섬
☐	message	메시지, 전갈
☐	support	지지하다, 지원하다
☐	vegetarian	채식주의자

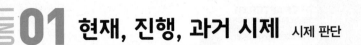

01 현재, 진행, 과거 시제 시제 판단

빈출 유형 | 대화 완성

대화를 읽고, 밑줄 친 우리말을 알맞게 영작하시오.
(단, 동사의 형태를 변형할 것)

> A: Is Suyoung coming?
> B: She is here already. <u>그녀는 한 시간 전에 도착했어.</u>
> (arrive, ago, an hour)

→ _____

문장력 UP

주어 그녀(she)

동사 도착했다(과거) → arrived

어순 S + V + 나머지 말(~ ago)

 필수 문법

| 1 | 반복되는 일, 습관, 현재의 사실, 상태 등은 동사의 현재형을 써서 <u>현재 시제</u>를 나타내요.

동사의 종류	동사의 현재형	예문
be동사	am, are, is	He is a banker. 그는 은행원이다.
일반동사	원형 또는 원형-(e)s	He works at a bank. 그는 은행에서 일한다.

* be동사: I – am, 3인칭 단수 주어 – is, you와 복수 주어 – are
* 일반동사: 3인칭 단수 주어 – 원형-(e)s, 그 밖의 주어 – 원형

• 현재 시제와 현재 진행 시제의 의미를 구별하세요.

[현재 시제: 반복적인 일] He cleans his room <u>every week</u>. 그는 매주 그의 방을 청소한다.

[현재 진행 시제: 진행 중인 일] He is cleaning his room <u>now</u>. 그는 지금 그의 방을 청소하고 있다.

| 2 | 과거에 끝난 일은 동사의 과거형을 써서 <u>과거 시제</u>를 나타내요. 과거를 나타내는 부사(구)를 참고하세요.

동사의 종류	동사의 과거형	예문
be동사	was, were	He was a banker <u>3 years ago</u>. 그는 <u>3년 전에</u> 은행원이었다.
일반동사	-ed 또는 불규칙	He worked at a bank <u>then</u>. 그는 <u>그때</u> 은행에서 일했다.

* be동사: I와 3인칭 단수 주어 – was, 그 밖의 주어 – were

• 과거를 나타내는 부사들을 알아 두세요.

~ ago: ~ 전에   last ~: 지난 ~에   the other day: 며칠 전에

yesterday: 어제   (back) then: 그때   in/on/at + 과거 시간: ~(언제)에

빈출 유형 해결

해설

☑ '한 시간 전에'이므로 동사는 과거형인 arrived를 써야 해요.

☑ 〈주어 + 동사〉인 She arrived를 쓰고, 목적어나 보어가 없으므로 나머지 말인 부사구 an hour ago(한 시간 전에)를 써요.

정답 She arrived an hour ago.

정답과 해설 • 2쪽

대화 완성

[01~04] 대화를 읽고, 밑줄 친 우리말을 알맞게 영작하시오.
(단, 동사의 형태를 변형할 것)

01

> A: Is she helping Gisu?
> B: Yes, she is.
> Actually, 그녀는 매주 그를 도와줘.
> (help, every week)

→ she is helping him every week_____ (X)

👤 위의 오답에서 틀린 부분을 찾아 바르게 고쳐 주세요.

☑ 시제   ☑ 동사 형태

→ _____

💬👤 '매주'와 같이 반복적으로 하는 일은 현재 시제로 표현해요.

02

> A: Is Misu busy?
> B: I think so. 그녀는 지금 일하고 있어.
> (work, now)

→ _____

03

> A: I think he is a great chef.
> B: I heard 그는 3년 전에 가수였어.
> (ago, a singer, be)

→ _____

💬👤 3년 전의 일이므로 동사의 과거형을 써야 해요.

04

> A: Is she from China?
> B: Yes, she is.
> But 그녀는 일본에 살았어 when she was young. (live, Japan, in)

→ _____

오류 수정

[05~06] 밑줄 친 부분에서 어법상 틀린 부분을 찾아 고쳐 쓰시오.

05 <u>Linda knows him</u> then.

_____ → _____

06 <u>Mr. Ford is a teacher</u> in 2010.

_____ → _____

단어 배열

[07~08] 우리말과 일치하도록 주어진 말을 알맞게 배열하시오.
(단, 동사의 형태를 변형할 것)

07

> 그는 어제 내게 카드 한 장을 주었다.
> (give / card / yesterday / me / a)

→ He _____.

08

> 그들은 지금 병원에서 일하고 있다.
> (work / hospital / they / a / at / be)

→ _____ now.

문장 완성

[09~10] 우리말과 일치하도록 주어진 말을 활용하여 문장을 완성하시오. (단, 동사의 형태를 변형할 것)

09

> 나는 작년에 여기로 이사 왔다.
> (move, here, last year)

→ I _____.

10

> 그녀는 매일 쇼핑을 간다.
> (go, shopping, every day)

→ She _____.

02 현재완료 시제와 형태 have + 과거분사형

빈출 유형 **한 문장으로 쓰기**

다음 두 문장을 현재완료 시제의 한 문장으로 만드시오.

- He started to talk about his trip two hours ago.
- He still talks now.

→ He _____ two hours.

 문장력 UP

주어 그(he) → 3인칭 단수

동사 • 과거(2시간 전)부터 지금까지 → 현재완료
• 동사 형태: 〈has + 과거분사형(talked)〉

어순 S + V + 나머지 말

| 1 | 과거에 끝난 일은 과거 시제, 과거부터 현재까지 이어지는 일은 현재완료 시제라고 해요.

	과거 (과거에 국한된 일)	현재완료 (과거부터 현재까지의 일)
우리말	그는 10년 전에 여기 살았다.	그는 2010년부터 여기 살았다. (살아 왔다)
영어	He lived here 10 years ago.	He has lived here since 2010.
비교	* 현재는 모름	* 현재도 여기 살고 있음

| 2 | 과거부터 현재까지의 현재완료 시제는 동사를 〈have/has + 과거분사형〉으로 써요.

We have known each other for 10 years. 우리는 서로를 10년 동안 알았다. (알아 왔다)　　* 〈for + 기간〉: ~ 동안
She has studied English since 2010. 그녀는 2010년부터 영어를 공부했다. (공부해 왔다)　　* 〈since + 시점〉: ~ 이후로
　　└→ 주어가 3인칭 단수이면 has로 써요.
* We have known은 We've known으로, She has studied는 She's studied로 줄여 쓸 수 있어요.

| 3 | 과거분사형은 규칙 변화형(-(e)d)과 불규칙 변화형이 있어요.

규칙 변화형			불규칙 변화형		
원형	과거형	과거분사형	원형	과거형	과거분사형
live	lived	lived	see	saw	seen
study	studied	studied	eat	ate	eaten
watch	watched	watched	tell	told	told
play	played	played	put	put	put

* 과거분사형의 불규칙 변화형은 p.172를 참고하세요.

빈출 유형 해결

해설

☑ '2시간 전에' 시작했고 '지금도 이야기한다'면 과거부터 현재까지 이어지는 일이므로 현재완료 시제로 써야 해요.

☑ 주어(he)가 3인칭 단수이고 talk의 과거분사형은 talked이므로 He has talked로 쓰고, 그 뒤에 about his trip을 써요.

☑ '2시간 동안'이라고 써야 하므로 〈전치사 for + two hours(숫자 시간[기간])〉를 마지막에 써요.

정답 has talked about his trip for

한 문장으로 쓰기

[01~04] 다음 두 문장을 현재완료 시제의 한 문장으로 만드시오.

01

> · She first saw Mina 3 years ago.
> · She still sees her.

→ She have saw Mina since 3 years.   (X)

위의 오답에서 **틀린** 부분을 찾아 바르게 고쳐 주세요.

☑ 현재완료 동사 형태   ☑ 전치사

→ _____

주어가 she이므로 〈has + 과거분사형〉으로 쓰고, 3년 '동안'이므로 전치사 for를 써야 해요.

02

> · We first saw each other 10 years ago.
> · We still know each other.

→ _____
10 years. (know)

03

> · He moved here last year.
> · He still lives here.

→ _____
last year. (live)

04

> · You started taking the medicine a year ago.
> · You still take it.

→ _____
a year. (take)

오류 수정

[05~06] 어법상 **틀린** 부분을 찾아 고쳐 쓰시오.

05 David have studied Korean for 10 years.

_____ → _____

06 I have wrote a novel since last year.

_____ → _____

보기 영작

[07~10] 주어진 말을 활용하여 보기 와 같이 현재완료 시제로 영작하시오.

> 보기
> my dad / work / there / 10 years
> → My dad has worked there for 10 years.

07 we / play / the game / one year

→ _____

08 they / see / each other / five years

→ _____

09 Jenny / practice / Taekwondo / last month

→ _____

last month(지난달) '이후로 ～해 왔다'로 써야 하므로 전치사 since가 와야 해요. 〈since + 시점〉: ～ 이후로

10 I / learn / how to dance / 2019

→ _____

03 현재완료의 의미 계속 / 경험 / 완료 / 결과

빈출 유형 대화 완성

대화를 읽고, 밑줄 친 우리말을 알맞게 영작하시오.

(단, 동사의 형태를 변형할 것)

> A: Do you know Mr. Jones?
> B: 나는 그를 두 번 만난 적이 있어. (meet, twice)

→ _____

📝 문장력 UP

주어 나(I)

동사 만난 적 있다(과거부터 현재까지의 경험)
→ 현재완료: 〈have + 과거분사형(met)〉

어순 S + V + O + 나머지 말

 | 1 | 현재완료 시제는 과거부터 현재까지에 걸친 여러 의미를 표현할 수 있어요.

[계속] 과거부터 현재까지 '계속' 되는[하는] 일: '~해 왔다'

She has played tennis for 10 years. 그녀는 10년 동안 테니스를 쳤다. (쳐 왔다)

[경험] 과거부터 현재까지의 '경험': '~한 적이 있다'

She has played tennis just once. 그녀는 딱 한 번 테니스를 친 적이 있다.

[완료] 과거에 시작한 일이 현재 끝났음 ('완료'): '방금/이미/막 ~했다', '아직 ~ 안 끝났다'

She has just/already arrived at the station. 그녀는 방금/벌써 역에 도착했다. * 출발 후 도착 완료

She has not arrived yet. 그녀는 아직 도착하지 않았다. * 출발 후 도착 완료 안 됨

[결과] 과거에 발생한 일의 '결과'가 현재까지 이어짐: '~했다, (그래서 지금은 …이다)'

I have lost my bike, so I can't lend it. 나는 내 자전거를 잃어버렸다, 그래서 그걸 못 빌려준다.

| 2 | 현재완료 시제를 쓸지, 현재나 과거 시제를 쓸지는 부사나 문맥을 통해 판단해요.

현재완료의 의미	같이 쓸 수 있는 말	현재완료의 의미	같이 쓸 수 있는 말
계속 '~해 왔다'	for (~ 동안) since (~ 이후로) how long (얼마나 오래)	완료 '~(완료)했다'	just (방금, 막) already (이미) yet (아직)
경험 '~한 적 있다'	once (한 번) twice (두 번) before (~ 전에) never (~한 적 없다)	결과 '~했다 (그래서 …이다)'	so (그래서) because (왜냐하면)

빈출 유형 해결

해설

☑ '~한 적 있다'는 과거부터 현재까지에 걸친 '경험'을 나타내는 현재완료 시제로 써야 하므로, 주어와 동사는 I have met으로 써요.

☑ 동사 have met 뒤에 목적어 him(그를)을 쓰고, 그 뒤에 부사 twice(두 번)를 써요.

정답 I have met him twice.

실전 유형으로 PRACTICE

대화 완성

[01~04] 대화를 읽고, 밑줄 친 우리말을 알맞게 영작하시오.

(단, 동사의 형태를 변형할 것)

01

> A: I don't see Jinhee these days.
>
> B: <u>그녀는 지난주 이후로 바빴어요.</u>
>
> (busy, be, last week)

→ <u>She was busy for last week.</u>　　　(X)

위의 오답에서 **틀린** 부분을 찾아 바르게 고쳐 주세요.

☑ 시제　　☑ 동사 형태　　☑ 전치사

→ _____

지난주부터 현재까지 '계속'되는 일에 해당하므로 현재완료 시제로 써요. be의 과거분사형은 been이므로 has been busy로 써야 하며, '~ 이후로'는 전치사 since를 써요.

02

> A: We will go out to eat if you finish your homework.
>
> B: <u>저는 그것을 방금 다 끝냈어요.</u>
>
> (just, finish, have)

→ _____

03

> A: Don't you ride your bike anymore?
>
> B: I can't. <u>나는 그것을 잃어버렸어.</u>
>
> (lose, have)

→ _____

04

> A: Where is Chulsu?
>
> I have to talk to him.
>
> B: <u>그는 이미 떠났어.</u> (leave, already, have)

→ _____

오류 수정

[05~06] 어법상 **틀린** 부분을 찾아 고쳐 쓰시오.

05 He has been in the club since two months.

_____ → _____

06 We are knowing each other for 5 years.

_____ → _____

단어 배열

[07~08] 우리말과 일치하도록 주어진 말을 알맞게 배열하시오.

(단, 동사의 형태를 변형할 것)

07

> 나는 그 음악을 들어 본 적이 한 번 있다.
>
> (once / hear / music / the)

→ I _____.

08

> 그녀는 작년 이후로 우리와 함께 있어 왔다.
>
> (be / us / since / year / with / last)

→ She _____.

문장 완성

[09~10] 우리말과 일치하도록 주어진 말을 활용하여 문장을 완성하시오.

09

> 나는 그것을 세 번 해 본 적이 있다.
>
> (do, time)

→ I _____.

'~ 번'은 숫자 뒤에 times를 붙여 표현해요.

(예외: once(한 번), twice(두 번))

10

> 그는 그것을 말한 적이 전혀 없다.
>
> (say, never)

→ _____

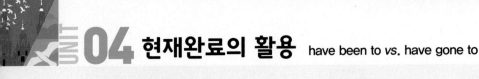

04 현재완료의 활용 have been to vs. have gone to

빈출 유형 **대화 완성**

대화를 읽고, 밑줄 친 우리말을 알맞게 영작하시오.
(필요시 주어진 말의 형태를 변형할 것)

> A: 너는 제주도에 가 본 적이 있니?
>
> (Jeju Island)
>
> B: No, I haven't. I really want to go there someday.

→ _____

 문장력 UP

주어 너(you)

동사 가 본 적이 있니 (과거부터 현재까지의 경험)
→ 현재완료: 〈have + 과거분사형(been)〉

어순 의문문
→ Have + S + 과거분사형 + 나머지 말?

필수 문법

| 1 | 현재완료의 부정문은 have/has 뒤에 not을 붙여요.

We haven't seen her for a month. 우리는 그녀를 한 달 동안 본 적이 없다. * have not = haven't
She hasn't finished the meal yet. 그녀는 아직 식사를 끝내지 않았다. * has not = hasn't

| 2 | 현재완료의 의문문은 have/has만 주어 앞에 쓰며, 대답도 have/has로 해요.

A: Have you seen her since last time? 너는 지난번 이후로 그녀를 본 적이 있니?
B: Yes, I have. / No, I haven't.

A: Has she already finished the meal? 그녀는 벌써 식사를 끝냈니?
B: Yes, she has. / No, she hasn't.

* 의문사가 있는 의문문의 경우 〈의문사 + have/has + 주어 + 과거분사형 ~?〉의 형태로 써요.

| 3 | have been to와 have gone to의 의미 차이에 주의하세요.

have been to	have gone to
'~에 있었던 적이 있다' → '~에 가 본 적이 있다'	'~로 가 버렸다' (가고 없다)

[have been to] 그는 전주에 가 본 적이 있니? → Has he been to Jeonju?
[have gone to] 그는 전주로 가 버렸니? → Has he gone to Jeonju?

빈출 유형 해결

해설
☑ '~에 가 본 적이 있다'는 have gone to를 쓰지 않고, have been to를 써요.
☑ 의문문은 〈have + 과거분사형〉에서 have를 주어 앞에 쓰므로 Have you been to로 써야 해요.

정답 Have you been to Jeju Island?

📖 실전 유형으로 PRACTICE

[01~04] 대화를 읽고, 밑줄 친 우리말을 알맞게 영작하시오.
(필요시 주어진 말의 형태를 변형할 것)

01

> A: <u>그녀가 이미 네 메시지를 확인했니?</u>
> (your message, already)
> B: No, she hasn't yet.

→ <u>Did she already check your message?</u>　　(X)

👤 위의 오답에서 **틀린** 부분을 찾아 바르게 고쳐 주세요.

　　☑ 시제　　☑ 동사 형태　　☑ 부사의 위치

→ _____

💬👤 대답이 현재완료이므로 질문도 현재완료로 해야 하며, 주어가 she이므로 Has she checked로 써야 해요.

02

> A: Can I speak to Jeff?
> B: Not anymore.
> <u>그는 뉴욕으로 가 버렸어.</u> (go)

→ He _____ New York.

03

> A: Let's order some tacos!
> Tacos are everyday food in Mexico.
> B: <u>나는 전에 그것들을 먹어 본 적이 전혀 없어.</u>
> (try, never, before)

→ I _____.

💬👤 never는 have/has와 과거분사형 사이에 위치해요.

04

> A: <u>너는 최근에 Kelly를 본 적이 있니?</u>
> (see, lately)
> B: Well, I don't think so.

→ _____

[05~06] 우리말과 일치하도록 주어진 말을 활용하여 빈칸에 알맞은 말을 쓰시오.

05 그는 그 박물관에 가 본 적이 있니? (ever, be, to)

→ _____ _____ _____
_____ _____ the museum?

06 네가 어디에 가기 원하는지 이미 결정했니?
(decide, already)

→ _____ _____ _____
_____ where you want to go?

[07~08] 우리말과 일치하도록 주어진 말을 활용하여 문장을 완성하시오.

07 그녀는 2년 동안 그와 일했니? (work, with)

→ _____ for two years?

08 그는 아직 그 책을 다 읽지 않았다. (read, yet)

→ He _____.

[09~10] 우리말을 |조건|에 맞게 영작하시오.

> ┌ 조건 ┐
> • 6 단어로 쓸 것
> • 주어진 말을 사용할 것

09 나는 태국에 가 본 적이 전혀 없다.
(never, be, Thailand)

→ _____

10 우리는 전에 그를 만난 적이 없다.
(not, meet, before)

→ _____

중간고사·기말고사 실전문제

오류수정

[01~05] 우리말을 영어로 옮길 때, 어법상 **틀린** 부분을 찾아 고쳐 쓰시오.

01 나는 그가 LA로 이사한 이후로 그를 만난 적이 없다.

→ I didn't meet him since he moved to LA.

_____ → _____

02 그는 여기서 10년 동안 살아 왔다.

→ He lived here for 10 years.

_____ → _____

03 우리는 서로를 대학교 이후로 알아 왔다.

→ We know each other since college.

_____ → _____

04 그녀는 지난 12월에 그 시험을 봤다.

→ She has taken the exam last December.

_____ → _____

05 나는 스페인에 가 본 적이 없다.

→ I have never gone to Spain.

_____ → _____

단어 배열

[06~10] 우리말과 일치하도록 주어진 말을 알맞게 배열하시오.
(필요시 형태를 변형할 것)

06

그는 지금 샤워를 하고 있다.
(shower / he / take / a / be)

→ _____ now.

07

Lisa는 그 산에 두 번 가 본 적이 있다.
(mountain / be / twice / have / the / to)

→ Lisa _____ .

08

Leah는 주말에 농구를 한다.
(basketball / on / Leah / weekends / play)

→ _____

09

그녀는 막 뉴욕에 도착했다.
(just / she / have / in / arrive / New York)

→ _____

10

우리는 2011년 이후로 서울에 있어 왔다.
(2011 / in Seoul / be / since / have)

→ We _____ .

빈칸 쓰기

[11~15] 우리말과 일치하도록 주어진 말을 활용하여 빈칸에 알맞은 말을 쓰시오. (필요시 형태를 변형할 것)

11

나는 아직 그 키보드를 고치지 않았다.
(fix, the keyboard)

→ _____ _____ _____ _____

_____ _____ yet.

12

> 나의 아버지는 평생 동안 나를 지지해 주셨다.
> (father, me, support)

→ My _____ _____ _____ _____

all his life.

13

> 그는 은퇴한 이후로 많은 곳으로 여행했다.
> (places, travel, many, to)

→ He _____ _____ _____ _____

_____ since he retired.

14

> Maya는 2015년에 여수에 갔다.
> (go, Yeosu, to)

→ _____ _____ _____ _____ _____ in

2015.

15

> 이 도시는 1850년 이후로 그 나라의 수도이다.
> (city, capital, the, be)

→ This _____ _____ _____ _____

_____ of the country since 1850.

[16~20] 우리말과 일치하도록 주어진 말을 활용하여 문장을 완성하시오. (필요시 형태를 변형할 것)

16 Brown 씨는 20년 넘는 동안 의사로서 일해 왔다.

(work, as a doctor, Mr. Brown)

→ _____ over 20 years.

17 나는 아직 결정하지 못했다.

(make a decision, yet, have)

→ _____

18 우리는 2017년 이후로 같은 팀에 있었다.

(be, same, on, since, team, the)

→ _____

19 집값이 작년 이후로 올랐다.

(rise, year, home prices, last)

→ _____

20 너는 얼마나 오래 두통을 앓아 왔니?

(how long, suffer from, headaches, have)

→ _____

[21~22] 대화를 읽고, 주어진 말을 알맞게 배열하여 대화를 완성하시오.

21

> A: Where is Mike?
> B: _____
> (to / has / he / the bank / gone)

22

> A: _____
> (to / been / Canada / you / have)
> B: No, I haven't. But I would love to go there someday.

[23~24] 대화를 읽고, 밑줄 친 우리말을 알맞게 영작하시오.

23

> A: What is Hannah doing?
> B: 그녀는 이를 닦고 있어. (brush her teeth)

→ _____

24

A: Do you have a car?
B: Yes. 나는 9년 동안 차를 가지고 있어.
(have, for, years)

→ _____

25 다음 대화가 자연스럽도록 빈칸에 알맞은 말을 쓰시오.

(1)
A: How long has he lived in Daegu?
B: He _____ _____ _____
Daegu _____ he was born.

(2)
A: When did she go to church?
B: _____ _____ _____ church
last Saturday.

조건 영작
[26~28] 우리말을 조건 에 맞게 영작하시오.

26 조건
• 동사 leave를 시제에 맞게 변형할 것
• already, the hotel을 사용할 것

그는 이미 그 호텔을 떠나고 없다.

→ _____

27 조건
• 동사 see를 시제에 맞게 변형할 것
• movie와 three times를 사용할 것

나는 이 영화를 세 번 본 적이 있다.

→ _____

28 조건
• 동사 go를 시제에 맞게 변형할 것
• the cinema와 last week를 사용할 것

우리는 지난주에 영화관에 갔다.

→ _____

한 문장으로 쓰기
[29~31] 다음 두 문장을 보기 와 같이 한 문장으로 만드시오.

보기
• I started to play the piano five years ago.
• I still play the piano.
→ I have played the piano for five years.

29 • He started using this cell phone in 2019.
• He still uses it.

→ _____ since 2019.

30 • I began to live in U.S. two years ago.
• I still live in U.S.

→ _____ two years.

31 • Judy started learning Korean one year ago.
• She still learns it.

→ Judy _____ one year.

대화 완성
[32~33] 주어진 말을 활용하여 대화를 완성하시오.
(반드시 since 또는 for를 사용할 것)

32
A: How long have you waited for the bus?
B: (1) _____
(a long time)
(2) _____
(9 o'clock)

33
A: How long has she had her cat?
B: (1) _____
(five years)
(2) _____
(last Christmas)

문장 완성

[34~37] 우리말과 일치하도록 보기 와 주어진 말을 활용하여 문장을 완성하시오. (단, 현재완료 시제로 쓸 것)

보기

| for | since | before | yet |

34 나는 아직 내 반지를 찾지 못했다. (find, ring)

→ _____

35 그녀는 2019년 이후로 감기에 걸리지 않았다. (catch, a cold)

→ _____

36 나는 전에 놀이공원에 가 본 적이 전혀 없다. (be, to, an amusement park, never)

→ _____

37 사람들은 이 도구를 오랫동안 사용해 왔다. (people, use, tool, a long time)

→ _____

그림 영작

38 다음 그림을 보고, 주어진 단어를 알맞게 배열하시오.

(given / Ms. Brown / month / lots of / us / since / homework / has / last)

→ _____
_____

도표 영작

39 다음 Julie의 근황을 나타내는 표를 보고, 빈칸에 알맞은 말을 쓰시오.

		→ work at a restaurant
	→	live abroad
	→	be a vegetarian
2016	2018	2020	2022(now)

(1) She _____ at a restaurant _____ 2018.

(2) She _____ abroad _____ six years.

(3) She _____ a vegetarian _____ two years.

오류 수정 – 고난도

40 다음 중 어법상 틀린 문장 3개를 찾아 고쳐 쓰시오.

(A) We have gone out for dinner last night.
(B) John walks past the bakery every morning.
(C) Sue worked for the same company since 2005.
(D) I have only met him once.
(E) They will go shopping yesterday.

	기호	틀린 부분	고친 내용
(1)			
(2)			
(3)			

[02]

조동사

Unit 01 조동사 can의 쓰임 – 능력 / 요청

Unit 02 조동사 can, may의 쓰임 – 허락 / 금지 / 추측

Unit 03 조동사 must – 의무 / 금지 / have to

Unit 04 조동사 should, had better – 충고 / 조언

CHAPTER 02
WORD LIST

• 이번 챕터에서 나올 어휘들을 미리 확인해 보세요.

☐	be ready to	~할 준비가 되다
☐	borrow	빌리다
☐	cause	야기하다, 초래하다
☐	chemicals	화학 약품
☐	cough	기침(하다)
☐	damage	손상, 피해
☐	dangerous	위험한
☐	discuss	토론하다, 논의하다
☐	escape	탈출하다, 달아나다
☐	for a moment	잠깐
☐	for free	무료로, 비용 없이
☐	give ~ a ride	~을 태워 주다
☐	grocery	식료품점
☐	hold on	기다리다
☐	later	나중에
☐	look for	~을 찾다
☐	lower	낮추다, 떨어뜨리다
☐	manual	설명서
☐	mild	온화한
☐	nest	둥지
☐	order	주문(하다), 명령(하다)
☐	rent	집세, 임대료
☐	share	공유하다, 함께 쓰다
☐	sting	쏘다, 찌르다
☐	thirsty	목이 마른

Spelling 주의

• 쓸 때 철자에 주의해야 하는 단어들을 미리 익혀 두세요.

☐	adapt	적응하다, 맞추다
☐	attend	참석하다
☐	communication skill	의사소통 기술
☐	medicine	약, 약물
☐	necessary	필요한
☐	temperature	기온

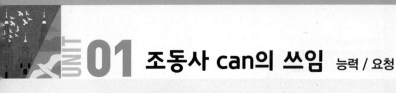

01 조동사 can의 쓰임 능력 / 요청

우리말과 일치하도록 주어진 말을 활용하여 문장을 완성하시오.

> 나는 시간 안에 그 일을 끝낼 수 있었다.
> (finish, able, the job)

→ I _____ on time.

 문장력 UP

주어 나(I)

동사 끝낼 수 있었다(과거)
→ 〈was able to + 동사원형〉

어순 S + V + O + 나머지 말

필수 문법

| 1 | 동사 can(~할 수 있다)이 능력을 나타낼 때는 be able to로 바꿔 쓸 수 있어요.

[능력/가능 - 현재] He can solve it. 그는 그것을 해결할 수 있다. * 조동사 뒤에는 동사원형을 써요.
= He is able to solve it.

[능력/가능 - 과거] He could solve it. 그는 그것을 해결할 수 있었다.
= He was able to solve it. * be동사만 과거로 써요.

[능력/가능 - 미래] He will be able to solve it. 그는 그것을 해결할 수 있을 것이다. * be를 미래인 will be로 써요.
= He will can solve it. (X) * 조동사 2개를 같이 쓰지 않음

| 2 | Can you ~?는 능력을 묻는 의미도 될 수 있지만, 요청하는 의미로도 써요.

can의 의미		예문
능력	~할 수 있니?	Can you play the guitar? 기타 칠 수 있나요?
요청	~해 줄래?	Can you wait? 기다릴 수 있어? = 기다려 줄래?
정중한 요청	~해 주실래요?	Could you wait? 기다릴 수 있나요? = 기다려 줄래요? * 과거 아님

| 3 | 요청하는 표현은 Will you ~?로도 쓸 수 있어요.

Will you wait? 기다릴 거니? (단순 미래 질문) / 기다려 줄래? (요청)
Would you wait? 기다리시겠어요? (단순 미래 질문) / 기다려 주시겠어요? (정중한 요청)

빈출 유형 해결

해설
☑ '끝낼 수 있었다'이고 able이 주어졌으므로 be able to를 활용해서 영작해요.
☑ 시제가 과거이고 주어가 나(I)이므로 I was able to 뒤에 동사원형 finish를 써요. 그 뒤에는 목적어인 the job을 써요.

정답 was able to finish the job

[01~04] 우리말과 일치하도록 주어진 말을 활용하여 문장을 완성하시오.

01

> 너도 나중에 그것을 살 수 있을 것이다.
> (you, able, to, buy, it)

→ ___You can be able to buy it___ later. **(X)**

 위의 오답에서 **틀린** 부분을 찾아 바르게 고쳐 주세요.

☑ **가능의 표현**　　☑ **시제**

→ _____ later.

💬👤 '할 수 있다'를 의미하는 can과 be able to는 같이 쓰지 않고, 미래의 가능을 의미할 때는 will be able to로 써요.

02

> 잠시 기다려 주시겠어요?
> (hold on, could)

→ _____ a second?

03

> 너의 목소리를 낮춰 줄래?
> (lower, voice, will)

→ _____

04

> 너는 스페인어를 말할 수 있니?
> (Spanish, able, speak)

→ _____

[05~06] 우리말을 영어로 옮길 때, 어법상 **틀린** 부분을 찾아 고쳐 쓰시오.

05 그는 그 책을 읽을 수 있다.

→ He can be able to read the book.

_____ → _____

06 Gisu는 우리를 쇼핑몰에서 찾을 수 있을 것이다.

→ Gisu will can find us in the mall.

_____ → _____

[07~08] 우리말과 일치하도록 주어진 말을 알맞게 배열하시오.
(필요시 형태를 변형할 것)

07

> 너는 그것을 어디에서도 찾을 수 없을 것이다.
> (to / find / able / not / you / be / will / it)

→ _____ anywhere.

08

> 나는 그 표를 얻을 수가 없었다.
> (to / get / able / be / ticket / not / the / I)

→ _____

[09~10] 대화를 읽고, 밑줄 친 우리말을 알맞게 영작하시오.

09

> A: You spent 5 hours to fix your bike.
> <u>너는 그것을 고칠 수 있었니?</u> (able)
> B: No. I had to take it to the bike shop.

→ _____

💬👤 과거의 가능 여부를 묻고 있으므로 be able to를 쓰되, be를 과거형으로 써야 해요.

10

> A: You can speak English well.
>   I envy you so much.
> B: I started studying earlier than you.
>   After a few years,
>   <u>너는 영어를 말할 수 있게 될 거야.</u> (able)

→ _____

02 조동사 can, may의 쓰임 허락 / 금지 / 추측

빈출 유형 | 대화 완성

대화를 읽고, 밑줄 친 우리말을 알맞게 영작하시오.

> A: 제가 당신에게 힌트를 드려도 될까요?
>
>   (give, a hint, you, may)
>
> B: That would be nice.
>
>   This problem is too hard.

→ _____

 문장력 UP

주어 나(I)

동사 드려도 될까요? 〈조동사＋주어＋동사원형〉
→ May I give

어순 의문문 / 4형식(…에게 ~을 주다)
→ 조동사＋S＋V＋…에게＋~을?

필수 문법

| 1 | Can I ~?와 May I ~?는 허락을 구하는 표현으로 쓸 수 있어요.

[허락] Can I take one? 제가 하나 가져갈 수 있나요?

= May I take one? 제가 하나 가져가도 괜찮을까요?

| 2 | You can ~과 You may ~로 허락과 금지의 표현을 할 수 있어요.

[허락] You can take one. 당신은 하나 가져갈 수 있어요. → 가져가셔도 됩니다.

= You may take one. 당신은 하나 가져가도 괜찮아요. → 가져가셔도 됩니다.

* ~해도 된다

[금지] You can't take one. 당신은 하나 가져갈 수 없어요. → 가져가면 안 돼요.

= You may not take one. 당신이 하나 가져가도 괜찮지 않아요. → 가져가면 안 돼요.

* ~하면 안 된다 (may not은 줄여 쓰지 않아요.)

| 3 | can과 may로 추측의 표현도 할 수 있어요.

[추측] Jane can be home. Jane은 집에 있을 수 있다.

= Jane may be home. Jane은 집에 있을지도 모른다.

빈출 유형 해결

해설

☑ 조동사 may를 이용하여 '~해도 괜찮을까요?'라는 허락을 구하는 의문문으로, '~해 줄까요?'라고도 말할 수 있어요.

☑ 조동사 의문문의 어순인 May I give를 쓰고, 4형식 문장이므로 give의 목적어 중 '…에게(you)'와 '~을(a hint)'의 순서로 써요.

정답 May I give you a hint?

대화 완성

[01~04] 대화를 읽고, 밑줄 친 우리말을 알맞게 영작하시오.

01

> A: <u>제가 잠시 이것을 빌려도 될까요?</u>
> (borrow, this, for a minute, can)
> B: Sorry, you can't. But you may buy it.

→ <u>Can you borrow for a minute this?</u>   (X)

위의 오답에서 **틀린** 부분을 찾아 바르게 고쳐 주세요.

☑ 주어   ☑ 목적어의 자리

→ _____

Can you ~?는 요청할 때나 능력을 물을 때 쓰는 표현이고, 허락을 구할 때는 Can I ~?를 써야 해요.

02

> A: <u>제가 당신에게 뭔가 물어봐도 될까요?</u>
> (ask, can)
> B: Sure. What do you want to know?

→ _____ something?

03

> A: <u>제가 당신을 도와드릴까요?</u>
> (may, help)
> B: Yes. I'm looking for a shirt.

→ _____

허락을 구할 때는 May I ~?를 쓸 수 있어요.

04

> A: <u>제가 당신의 주문을 받아도 될까요?</u>
> (take, may, order)
> B: Oh, yes. We are ready to order.

→ _____

빈칸 쓰기

[05~06] 우리말과 일치하도록 주어진 말을 활용하여 빈칸에 알맞은 말을 쓰시오.

05 그녀는 지금 바쁠 수도 있어. (busy, now, may)

→ She _____ _____ _____ _____.

06 그 그림들을 만지면 안 돼요.
(touch, paintings, can)

→ You _____ _____ _____ _____.

문장 완성

[07~08] 우리말과 일치하도록 주어진 말을 활용하여 문장을 완성하시오. (정답 두 개 가능)

07 당신이 원한다면 쉬어도 됩니다.
(take a break)

→ You _____ if you want.

08 Lina가 오늘 우리 집에 와도 되나요?
(come over, to)

→ _____ our house today?

오류 수정

[09~10] 대화를 읽고, 밑줄 친 ⓐ~ⓓ 중 어법상 틀린 부분을 찾아 기호를 쓰고 고쳐 쓰시오.

> A: Can I help you with anything?
> B: Yes. ⓐ<u>May you</u> use this coupon here?
> A: Sorry, ⓑ<u>you may not</u>.
> B: Then where do I use this?
> A: You may try that store over there.
> B: Thanks a lot. Oh, by the way, ⓒ<u>may I</u> take your coupon?
> A: No, you ⓓ<u>don't</u>.

09 ( ) → _____

10 ( ) → _____

03 조동사 must 의무 / 금지 / have to

다음 표를 보고, 대화를 완성하시오.

	필수 사항	선택 사항
be on time	✓	
take notes		✓

A: Must I take notes?
B: _____ (take notes)
Everything is in the book.

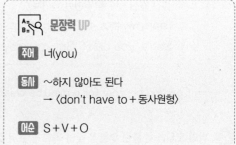

🔲 문장력 UP

주어 너(you)

동사 ~하지 않아도 된다
→ 〈don't have to + 동사원형〉

어순 S + V + O

| 1 | 의무를 나타내는 조동사 must(~해야 한다)는 **have to와 바꿔 쓸 수 있어요.**

[의무] You must take the exam. 너는 (반드시) 그 시험을 쳐야 한다.
　　　 = You have to take the exam.

| 2 | 금지를 나타내는 must not(~하지 말아야 한다)은 **don't have to와 의미가 달라요.**

[금지] You must not call him. 너는 그에게 전화하지 말아야 한다.
　　　 ≠ You don't have to call him. 네가 그에게 전화해야 하는 건 아니다. → 전화할 필요가 없다.

| 3 | must not은 can't나 may not과 비슷한 의미를 가져요.

[금지] You must not call him. 너는 그에게 전화하지 말아야 한다.　　＊ must not은 mustn't로 줄여 쓸 수 있어요.
　　　 = You can't call him. 너는 그에게 전화할 수 없다. (금지)
　　　 = You may not call him. 너는 그에게 전화하면 안 된다. (금지)
　　　 ＊ must not이 may not보다 강한 금지의 의미를 나타내요.

| 4 | have to는 조동사의 쓰임과 다른 점에 유의하세요.

[주어에 따라 have / has] She has to call first. 그녀는 우선 전화부터 해야 한다.
[부정문 don't / doesn't] She doesn't have to call first. 그녀가 우선 전화부터 해야 하는 건 아니다.
[의문문 Do / Does로 시작] Does she have to call first? 그녀가 우선 전화부터 해야 하니?

빈출 유형 해결

해설
☑ must로 질문했지만, 표를 봤을 때 '~할 필요는 없다'는 선택 사항이므로 must not이 아닌 have to의 부정 don't have to를 써요.
☑ 주어 You에 맞춰 You don't have to로 쓰고, 나머지 표현을 써요.

정답 You don't have to take notes.

도표 영작

01 다음 표를 보고, 대화를 완성하시오.

	금지	가능
be late for class	✓	
stay after class		✓

> A: I want to sleep some more.
> B: No, you can't. It's almost 8 o'clock.
> <u>You don't have to be late for class.</u> (X)

위의 오답에서 **틀린** 부분을 찾아 바르게 고쳐 주세요.

☑ 조동사

→ _____

금지는 must not[can't, may not]으로 표현할 수 있어요.

[02~04] 다음 표를 보고, 대화를 완성하시오.

필수 사항	Minsu	Yuna
pay the fee	✓	
bring his/her ID		✓
post pictures	✓	✓

02
> A: Must Yuna pay the fee?
> B: She _____.

03
> A: Must Yuna bring her ID?
> B: She _____.

04
> A: Must Minsu and Yuna post pictures?
> B: They _____.

오류 수정

[05~06] 어법상 틀린 부분을 찾아 고쳐 쓰시오.

05 Have we to attend the meeting?

_____ → _____

have to의 의문문은 〈Do/Does + 주어 + have to ~?〉로 써요.

06 Sally hasn't to read the manual.

_____ → _____

문장 완성

[07~08] 우리말과 일치하도록 주어진 말을 활용하여 문장을 완성하시오.

07 너는 그 정답들을 보지 않아야 한다.

(look at, answers, the, must)

→ You _____.

08 그는 그 정답들을 볼 필요가 없다.

(see, answers, the, have)

→ He _____.

대화 완성

[09~10] 주어진 말을 활용하여 대화를 완성하시오.

09
> A: My son, Jingu, is interested in joining the club.
> _____ sign up? (he)
> B: No. That's not necessary.

10
> A: Can I sit here for a moment? Or must I order something to get a seat?
> B: No, _____ order anything. (you)
> You can just sit there for free.

04 조동사 should, had better 충고 / 조언

 빈출 유형 **조건 영작**

우리말을 | 조건 | 에 맞게 영작하시오.

┌─ 조건 ─
• had better, it, miss를 사용할 것
• 6 단어로 쓸 것
└─

That can be the last bus.
<u>너는 그것을 놓치지 않는 게 낫겠다.</u>

→ _____

┌──────────────────────────────────────┐
│ 🔍 **문장력 UP**   │
│   │
│ **주어** 너(you)   │
│   │
│ **동사** 놓치지 않는 게 낫겠다 〈조동사/부정 + 원형〉 │
│   → had better + not + 동사원형   │
│   │
│ **어순** S + V + O   │
└──────────────────────────────────────┘

**필수
문법**

| 1 | <u>충고나 조언을</u> 나타내는 표현은 조동사 should를 써요.

[충고] You should wear something warm. 너는 따뜻한 무언가를 입는 게 좋겠다. (입어야 한다)

[부정] You shouldn't go out tonight. 너는 오늘 밤에 외출하지 않는 게 좋겠다. (외출하지 말아야 한다)

* shouldn't는 should not의 축약형이에요.

| 2 | <u>좀 더 강력한 충고나 경고</u>를 할 때는 had better를 써요.

[충고] You had better take the medicine. 그 약을 먹는 게 낫겠다. (안 그러면 큰일 난다)

[경고] You had better be quiet. 조용히 하는 게 낫겠다. (안 그러면 혼난다)

* had better 뒤에도 동사원형을 써야 해요.

| 3 | had better는 주어와 <u>축약</u>하여 'd better로 쓰며, <u>부정</u>은 〈had better + not〉으로 써요.

[축약] You'd better take the medicine. 그 약을 먹는 게 낫겠다. (안 그러면 큰일 난다)

[부정] You'd better not be here. 너는 여기 있지 않는 게 낫겠다. (안 그러면 큰일 난다)

* had better는 의문문으로 거의 쓰지 않아요. 충고의 의문문은 Should I ~?로 써요.

┌──┐
│ 빈출 **해설**   │
│ 유형   │
│ 해결 ☑ '~하지 않는 게 낫겠다'는 had better의 부정인 had better not으로 써야 해요. not을 had 뒤에 쓰지 않도록 주의하세요. │
│   ☑ had better not 뒤에 동사원형(miss)을 쓰고, 그 뒤에 목적어인 it을 써요.   │
│   **정답** You had better not miss it.   │
└──┘

01 우리말을 │조건│에 맞게 영작하시오.

┌─ 조건 ─────────────────────
• take, umbrella, had better를 사용할 것
• 5 단어로 쓸 것
└──────────────────────────

It's very cloudy. It looks like it's going to rain.
<u>너는 우산을 가져가는 게 낫겠다.</u>

→ <u>I had better takes umbrella.</u> (X)

👤 위의 오답에서 **틀린** 부분을 찾아 바르게 고쳐 주세요.

☑ 주어   ☑ 동사의 형태   ☑ 명사의 관사

→ _____

💬👤 충고하는 문장으로, 주어를 상대방인 You로 하며 had better 뒤에 동사원형을 써요. 셀 수 있는 명사 umbrella 앞에는 부정관사 (어떤 아무 하나) an을 써야 해요.

[02~04] 우리말을 │조건│에 맞게 영작하시오.

┌─ 조건 ─────────────────────
• had better와 주어진 말을 사용할 것
• 6 단어로 쓸 것
└──────────────────────────

02 너는 매우 조심하는 게 낫겠다.
(careful, very, be)

→ _____

03 너는 외출하지 않는 게 낫겠다.
(go out)

→ _____

💬👤 had better의 부정은 〈had better + not〉으로 써요.

04 너는 시끄럽게 하지 않는 게 낫겠다.
(noisy, be)

→ _____

[05~06] 어법상 틀린 부분을 찾아 고쳐 쓰시오.

05 You hadn't better cause any trouble.

_____ → _____

06 You had better listened to your mother.

_____ → _____

[07~08] 우리말과 일치하도록 주어진 말을 활용하여 빈칸에 알맞은 말을 쓰시오.

07 너는 제시간에 오는 게 좋겠다.
(on, come, time)

→ You _____ _____ _____ _____.

08 너는 그들에게 친절하게 하는 게 낫겠다.
(to, nice, them, be)

→ You _____ _____ _____ _____
_____ _____.

[09~10] 주어진 말과 대화의 내용을 활용하여 대화를 완성하시오.

09
┌────────────────────────────┐
│ A: I think I have a headache.   │
│ B: You _____.   │
│   (better)   │
│ A: I really don't want to see a doctor. │
└────────────────────────────┘

10
┌────────────────────────────┐
│ A: They were too loud last night. │
│   I couldn't sleep well.   │
│ B: You _____.   │
│   (should, the noise)   │
│ A: I hate complaining about it.   │
└────────────────────────────┘

중간고사·기말고사 실전문제

오류 수정

[01~05] 어법상 틀린 부분을 찾아 고쳐 쓰시오.

01 You'd better to discuss this problem with him.

_____ → _____

02 You will be able to downloading the file.

_____ → _____

03 You may share not your password with anyone.

_____ → _____

04 Claire don't have to pay the rent.

_____ → _____

05 She was able to adapted to the job quickly.

_____ → _____

단어 배열

[06~10] 우리말과 일치하도록 주어진 말을 알맞게 배열하시오.

06 너는 그 낡은 담요를 사지 않는 게 좋겠다.

(that / blanket / should / you / buy / old / not)

→ _____

07 내일 비가 올지도 모른다.

(rain / tomorrow / it / may)

→ _____

08 리더는 좋은 의사소통 기술을 가져야 한다.

(have / a leader / good / must)

→ _____
communication skills.

09 나는 그와 이야기할 수 있었다.

(able / him / I / was / with / speak / to)

→ _____

10 Miller는 그 역으로 가지 않아도 된다.

(go / does / to / have / not / the station / to)

→ Miller _____.

빈칸 쓰기

[11~15] 우리말과 일치하도록 보기 의 조동사와 주어진 말을 활용하여 빈칸에 알맞은 말을 쓰시오.

보기

have to   should   can   may

11 나에게 네 우산을 좀 빌려줄래? (lend, me)

→ _____ _____ _____ _____
your umbrella?

12 제가 주스를 좀 더 마셔도 될까요? (have)

→ _____ _____ _____ some more
juice, please?

13 제가 그것을 한 번 더 들어 볼 수 있을까요? (listen)

→ _____ _____ _____ to that one
more time?

14 너는 내일 시험을 위해 공부하는 게 좋겠다. (study)

→ _____ _____ _____ for the test tomorrow.

15 나는 자정까지 일할 필요가 없다. (work)

→ _____ _____ _____ _____ _____ until midnight.

문장전환
[16~20] 다음 문장을 be able to를 사용하여 뜻이 같은 다른 문장으로 바꿔 쓰시오.

16
> The police officer could catch the speeding car.

→ _____

17
> Eric can help you tomorrow morning.

→ _____

18
> John can speak four languages.

→ _____

19
> They could escape through a window.

→ _____

20
> I could finish the marathon in 4 hours.

→ _____

문장완성
[21~25] 밑줄 친 문장을 괄호 안의 동사와 had better 또는 had better not을 써서 문맥에 맞게 완성하시오.

21 I'm a little late. I (leave) now.

→ _____

22 It is too far to walk home. You (miss) the last train.

→ _____

23 It's a very important secret. You (tell) anybody.

→ _____

24 You (take) an umbrella. It's going to rain.

→ _____

25 You look very tired. You (go) home.

→ _____

[26~30] 밑줄 친 문장을 괄호 안의 표현 중 가장 적절한 것을 골라 완전한 문장으로 쓰시오.

26 You (may / don't have to / shouldn't) shout at the babies. It is really bad for them.

→ _____

27 Your car often breaks down. <u>You (don't have to / should / can't) buy a new one.</u>

→ _____

28 <u>You (must not / don't have to / should) leave children in a parked car.</u> It is very dangerous in summer.

→ _____

29 <u>We (must / shouldn't / don't have to) worry about cold weather here.</u> We have mild temperatures all year round.

→ _____

30 Chemicals can cause eye damage. <u>You (don't have to / must / must not) wear safety goggles.</u>

→ _____

대화 완성

[31~32] 다음 대화가 자연스럽도록 빈칸에 알맞은 말을 쓰시오.

31

A: Must I pick you up?
B: No, _____ _____ _____ _____ _____ me up. I will just take a taxi.

32

A: _____ _____ _____ _____ ruler?
B: Sorry, you can't borrow my ruler. I have already lent it to Mina.

[33~37] 보기 와 주어진 말을 활용하여 밑줄 친 우리말을 알맞게 영작하시오. (보기 의 표현은 한 번씩만 사용할 것)

보기

don't have to   had better   should
had better not   have to

33

A: I caught a cold. I can't stop coughing.
B: <u>너는 오늘 학교에 안 가는 게 낫겠다.</u> (go)

→ _____ _____ _____ _____ _____ to school today.

34

A: I'll be late for work if I miss the bus.
B: Hey, your bus is leaving.
<u>너는 뛰는 게 낫겠어.</u> (run)

→ _____ _____ _____ _____.

35

A: I'll give you a ride.
B: <u>너는 나를 태워 주지 않아도 돼.</u> My apartment is just around the corner. (give)

→ _____ _____ _____ _____ _____ me a ride.

36

A: I stayed up late doing my homework.
B: You look tired.
<u>너는 낮잠을 자는 게 좋겠어.</u> (take)

→ _____ _____ _____ a nap.

37

A: Do you want to go to a movie tonight?
B: I can't. <u>나는 저녁 식사를 만들어야 해.</u> (cook dinner)

→ I _____ _____ _____ _____.

그림 영작

38 다음 그림을 보고, 보기 에서 알맞은 말을 골라 대화를 완성하시오.

보기

| can | can't | are able to |
| should | mustn't | don't have to |

A: Robert, you ⓐ _____ be careful. There is a beehive on the tree.

B: Mom, ⓑ _____ I look inside the nest? Just for a few seconds.

A: No, you ⓒ _____. You ⓓ _____ go near the beehive. The bees will come out to sting you.

도표 영작

39 다음 표를 보고, have to를 활용하여 보기 와 같이 문장을 완성하시오. (필요시 형태를 변형할 것)

To-Do List	
Jisun's Parents	Jisun
go grocery shopping	practice playing the violin
wash the dishes	do math homework

보기

go grocery shopping
- Jisun's parents <u>have to go grocery shopping</u>.
- Jisun <u>doesn't have to go grocery shopping</u>.

(1) wash the dishes
  - Jisun's parents _____

  _____.
  - Jisun _____.

(2) practice playing the violin
  - Jisun's parents _____

  _____.
  - Jisun _____.

(3) do math homework
  - Jisun's parents _____

  _____.
  - Jisun _____.

오류 수정 – 고난도

40 대화를 읽고, 밑줄 친 ⓐ~ⓔ 중 어법상 <u>틀린</u> 부분 3개를 찾아 고쳐 쓰시오.

A: Mom, I feel hot and thirsty. ⓐ<u>Am I able to</u> buy a soda?

B: Soda is not good for your health. You ⓑ<u>should</u> drink a glass of water instead.

A: ⓒ<u>Have I to</u> drink water again? I drank it just an hour ago.

B: Soda is bad for your teeth, too. You ⓓ<u>has to</u> stay away from sweets if you don't want to visit the dentist.

A: Okay, mom. You ⓔ<u>don't have to</u> bring that up. I'm drinking water now.

	기호	틀린 부분	고친 내용
(1)			
(2)			
(3)			

Unit 01 수동태의 의미와 형태

Unit 02 수동태의 시제와 조동사

Unit 03 수동태의 부정문, 의문문, 대답

Unit 04 주의해야 할 수동태 – by 이외의 전치사, 구동사

• 이번 챕터에서 나올 어휘들을 미리 확인해 보세요.

☐ a lot of   많은 ∼

☐ accept   받아들이다

☐ apology   사과, 양해를 구하는 말

☐ application form   신청서

☐ arrest   체포하다

☐ calculator   계산기

☐ chase   추적하다, 뒤쫓다

☐ debate   토론, 논쟁

☐ detective   탐정

☐ display   전시하다

☐ effort   노력

☐ entrance   입구

☐ garbage   쓰레기

☐ instruction   설명, 지시

☐ package   소포

☐ produce   생산하다

☐ release   풀어 주다, 석방하다

☐ remove   제거하다, 치우다

☐ repair   수리하다

☐ robber   강도

☐ spacecraft   우주선

☐ suspect   혐의자, 용의자

☐ thief   도둑

☐ transfer   옮기다, 이동하다

☐ trick   묘기, 속임수

Spelling 주의

• 쓸 때 철자에 주의해야 하는 단어들을 미리 익혀 두세요.

☐ attack   공격

☐ information   정보

☐ journalist   언론인

☐ launch   (우주선 등을) 발사하다; 착수하다

☐ mechanic   정비공, 기계공

☐ prepare   준비하다

UNIT 01 수동태의 의미와 형태

다음 그림을 보고, 주어진 문장의 밑줄 친 부분으로 시작하여
문장을 다시 쓰시오.

 문장력 UP

주어 그 도시(the city)

동사 방문 받는다(수동태/현재) → is visited

어순 S + 수동태 동사 + ⟨by + 행위자⟩

They often visit the city.

→ _____

| 1 | 수동태란 주어가 행위를 당하는[받는] 수동적인 것을 표현하는 동사의 형태를 말해요.

동사의 형태	능동태	수동태
예문	We invite Susan.	Susan is invited.
주어의 입장	주어(we)가 초대한다(invite)	주어(Susan)가 초대 받는다(is invited)

| 2 | 수동태 동사는 ⟨be + 과거분사형⟩으로 쓰며, be는 주어에 맞춰요.

[그녀의 입장] → [능동태] She prepares dinner. 그녀는 저녁을 준비한다[차린다].
[저녁의 입장] → [수동태] Dinner is prepared. 저녁은 준비되어진다[차려진다].

| 3 | 수동태 문장에서 행위자(~에 의해)는 ⟨by + (대)명사⟩로 써요.

[능동태의 행위자: 주어] Tom cleans the house. Tom은 그 집을 청소한다.
[수동태의 행위자: ⟨by + 행위자⟩] The house is cleaned by Tom. 그 집은 Tom에 의해 청소된다.

• 굳이 행위자를 쓰지 않아도 되거나, 행위자를 알 수 없는 경우에는 ⟨by + 행위자⟩를 생략해요.
  The store is closed. 그 가게는 닫혔다.

* ⟨by + 행위자⟩를 쓸 때 대명사의 경우 전치사의 목적어 자리에 쓸 수 있는 목적격 대명사를 써요.

빈출 유형 해결

해설
☑ 주어(the city)의 입장에서는 그들에 의해 방문을 받는 것이므로, 수동태 동사로 써야 해요.
☑ 주어와 동사를 The city is visited로 쓰고, 빈도부사 often은 is often visited와 같이 be동사와 과거분사 사이에 써요.
☑ 동사 뒤에 ⟨by + 행위자⟩는 주격 대명사 they가 아니라 전치사의 목적어 자리에 쓸 수 있는 목적격 대명사 them을 써요.

정답 The city is often visited by them.

[01~04] 다음 그림을 보고, 주어진 문장의 밑줄 친 부분으로
시작하여 문장을 다시 쓰시오.

01

He teaches <u>the students</u>.

→ <u>The students is teached by he.</u>   (X)

 위의 오답에서 틀린 부분을 찾아 바르게 고쳐 주세요.

☑ 동사   ☑ by의 목적어

→ _____

💬 주어가 복수이므로 〈be + 과거분사형〉의 be는 are로, teach의
과거분사형은 taught로 써요. by 뒤에는 목적격 대명사로 써요.

02

My dad opens <u>the window</u>.

→ _____

03

My mom feeds <u>the dog</u>.

→ _____

04

I folded <u>my clothes</u>.

→ _____

[05~06] 어법상 틀린 부분을 찾아 고쳐 쓰시오.

05 The car is drived by a robot.

_____ → _____

06 The book are readed by children.

_____ → _____

💬 주어가 3인칭 단수이므로 be동사는 is로, read의 과거분사형은
read 그대로 써요.

[07~08] 우리말과 일치하도록 주어진 말을 활용하여 빈칸에
알맞은 말을 쓰시오.

07 그 음악은 많은 사람에 의해 연주된다. (music, play)

→ _____ _____ _____ _____

_____ many musicians.

08 그 음식은 한 요리사에 의해 요리된다. (food, cook)

→ _____ _____ _____ _____

_____ one chef.

[09~10] 다음 대화가 자연스럽도록 빈칸에 알맞은 말을 쓰시오.

09
> A: Does your sister clean the room?
> B: No. It _____ my mom.

10
> A: Does your brother use the laptop?
> B: No. It _____ my sister.

02 수동태의 시제와 조동사

빈출 유형 | 문장 전환

다음 문장을 밑줄 친 부분을 주어로 하는 수동태 문장으로 바꿔 쓰시오.

> He wrote <u>the book</u> in 2010.

→ _____

 문장력 UP

주어 그 책(the book)

동사 쓰였다(수동태/과거) → was written

어순 S＋수동태 동사＋나머지 말＋〈by＋행위자〉

| 1 | 〈be＋과거분사형〉의 수동태 동사는 <u>be</u>를 이용하여 시제를 표현해요.

현재 시제	Susan <u>is</u> invited.	Susan은 <u>초대받는다</u>.
과거 시제	Susan <u>was</u> invited.	Susan은 <u>초대받았다</u>.
미래 시제	Susan <u>will be</u> invited.	Susan은 <u>초대받을 것이다</u>.

| 2 | '~되고[당하고] 있는 중이다'와 같이 <u>수동태 동사의 진행형</u>으로도 쓸 수 있어요.

현재 진행 시제	It <u>is being</u> built.	그것은 <u>지어지고 있다</u>.
과거 진행 시제	It <u>was being</u> built.	그것은 <u>지어지고 있었다</u>.

• 수동태 진행형 만드는 방법
  - 〈be＋과거분사형〉 → be만 진행형으로 → 〈be being＋과거분사형〉

| 3 | 수동태의 미래와 같이, 다양한 <u>조동사</u>를 넣어 수동태 문장을 쓸 수 있어요.

[can]   The building can be built in a year. 그 건물은 1년 안에 <u>지어질 수 있다</u>.

[may]   The building may be built in a year. 그 건물은 1년 안에 <u>지어질지 모른다</u>.

[should] The building should be built in a year. 그 건물은 1년 안에 <u>지어지는 것이 좋겠다</u>.

[must]   The building must be built in a year. 그 건물은 1년 안에 <u>지어져야만 한다</u>.

빈출 유형 해결

해설
- ☑ 책(the book)의 입장으로 문장을 쓰면 '그 책은 쓰인 것'이므로 동사를 수동태로 써야 해요.
- ☑ 동사 wrote로 볼 때 시제가 과거이므로 주어와 동사를 The book was written으로 쓰고, 나머지 말과 〈by＋행위자〉를 써요.

정답 The book was written in 2010 by him. 또는 The book was written by him in 2010.

[01~04] 다음 문장을 밑줄 친 부분을 주어로 하는 수동태 문장으로 바꿔 쓰시오.

01
> A lot of people may read <u>the book</u>.

→ <u>The book may is readed by a lot of people.</u> (X)

🧑 위의 오답에서 틀린 부분을 찾아 바르게 고쳐 주세요.

☑ be동사의 형태   ☑ 과거분사

→ _____

💬🧑 조동사 뒤에는 항상 동사원형를 쓰므로 be를 써야 하며, read의 과거분사형은 불규칙 변화형 read로 써야 해요.

02
> He will move <u>the boxes</u> tomorrow.

→ _____

03
> She gave <u>some money</u> to her sons.

→ _____

💬🧑 give의 과거분사형은 given이에요.

04
> Mike checked <u>the email</u> yesterday.

→ _____

[05~06] 어법상 틀린 부분을 찾아 고쳐 쓰시오.

05 The wall is been painting now.

_____ → _____

06 His car was repairing by the mechanic.

_____ → _____

[07~08] 우리말과 일치하도록 주어진 말을 알맞게 배열하시오.
(단, 동사의 형태를 변형할 것)

07
> 그 소포는 2시 전에 반드시 보내져야 한다.
> (send / must / package / be / the)

→ _____ before
2 o'clock.

08
> 계산기는 수업에서 사용되어서는 안 된다.
> (not / calculators / use / should / be)

→ _____ in class.

[09~10] 주어진 조동사와 대화의 내용을 활용하여 대화를 완성하시오.

09
> A: You didn't wash the cups in the sink!
> B: Sorry. But the cups _____
> _____ later by Shawn. (will)

10
> A: Did you delete my pictures on the computer?
> B: No. But the pictures _____
> _____ some day. (may)
> So save them to your USB memory stick just in case.

빈출 유형 | 조건 영작

우리말을 주어진 말을 활용하여 |조건|에 맞게 영작하시오.

┌─ 조건 ─────────────────────────────┐
• 수동태 문장으로 쓸 것

• 6 단어로 쓸 것
└────────────────────────────────────┘

그 도둑은 경찰에 의해 잡혔니?

(catch, the police, the thief)

→ _____

┌─ 문장력 UP ──────────────────────────┐
[주어] 그 도둑(the thief) → 경찰(X)

[동사] 잡혔다(수동태/과거) → 잡았다(X)
      → was caught

[어순] 의문문 →
      Be + S + 과거분사형 + ⟨by + 행위자⟩ ~?
└──────────────────────────────────────┘

 필수 문법

| 1 | ⟨be + 과거분사형⟩의 수동태 동사는 be를 이용하여 부정문과 의문문을 만들어요.

긍정문	Susan was invited.	Susan은 초대받았다.
부정문	Susan wasn't[was not] invited.	Susan은 초대받지 않았다.
의문문	Was Susan invited?	Susan은 초대받았니?
대답	Yes, she was. / No, she wasn't.	* be동사만으로 대답

| 2 | 조동사가 있는 수동태는 조동사를 이용하여 부정문과 의문문을 만들어요.

긍정문	It will be sent.	그것은 보내질 것이다.
부정문	It won't[will not] be sent.	그것은 보내지지 않을 것이다.
의문문	Will it be sent?	그것은 보내질 것이니?
대답	Yes, it will. / No, it won't.	* 조동사만으로 대답

┌─ 빈출 유형 해결 ──────────────────────────────────────┐
해설

☑ 그 도둑의 입장에서는 '잡힌' 것으로 동사를 수동태인 be caught로 써야 해요.

☑ 시제는 과거이고 문장은 의문문이므로 ⟨Was 주어 caught⟩로 써야 하며, 그 뒤에 ⟨by + 행위자⟩를 써요.

정답 Was the thief caught by the police?
└──┘

실전 유형으로 PRACTICE

01 우리말을 주어진 말을 활용하여 조건 에 맞게 영작하시오.

┌─ 조건 ─
• 수동태 문장으로 쓸 것
• 7 단어로 쓸 것
└──

그들은 그녀에게 보이지 않을 것이다.

(see, will)

→ They are not will see by her.   (X)

위의 오답에서 틀린 부분을 찾아 바르게 고쳐 주세요.

☑ 조동사와 동사의 순서   ☑ 동사의 형태

→ _____

조동사의 수동태 부정문은 〈조동사＋not＋be＋과거분사형〉의 순서로 써요. see의 과거분사형은 seen이에요.

[02~04] 우리말을 주어진 말을 활용하여 조건 에 맞게 영작하시오.

┌─ 조건 ─
• 수동태 문장으로 쓸 것
• 6 단어로 쓸 것
└──

02 그것은 내일까지 다 될 것인가요?

(do, tomorrow, by)

→ _____

do의 과거분사형은 done이에요.

03 그것은 여기에 전시되지 않을 것이다.

(display, here)

→ _____

04 그는 오라고 요청받지 않았다.

(be, to come, ask)

→ _____

[05~06] 우리말과 일치하도록 주어진 말을 활용하여 문장을 완성하시오.

05 이 출입구는 3일 동안 잠길 것이다.

(entrance, lock)

→ _____ for 3 days.

06 이 토론은 중단되지 않아야 한다.

(should, stop)

→ This debate _____.

[07~08] 다음 대화가 자연스럽도록 빈칸에 알맞은 말을 쓰시오.

07

A: Were you seen by anyone?

B: No, I _____.

08

A: Can it be posted now?

B: Yes, _____.

[09~10] 대화를 읽고, ⓐ~ⓓ 중 어법상 틀린 부분을 찾아 기호를 쓰고, 고쳐 쓰시오.

A: ⓐ Are they removing the garbage?
B: It won't ⓑ be removing soon.
A: They ⓒ are putting some in the truck.
B: All the garbage ⓓ can't be putting in one truck. There is just too much garbage.

09 (   ) → _____

10 (   ) → _____

04 주의해야 할 수동태 by 이외의 전치사, 구동사

다음 문장을 지시에 맞게 바꿔 쓰시오.

> He didn't look up to her.
> (수동태로)

→ She _____.

문장력 UP

주어 그녀(she)

동사 존경받지 않았다(수동태/과거)
→ was not looked up to

어순 S + 수동태 동사 + ⟨by + 행위자⟩

| 1 | ⟨by + 행위자⟩를 쓰지 않고 ⟨다른 전치사 + 행위자⟩를 쓰는 경우를 알아 두세요.

be worried about	~에 대해 걱정하다	be known for	~로 유명하다(알려진 이유)
be interested in	~에 관심 있다	be known as	~로 유명하다(알려진 이름)
be satisfied with	~에 만족하다	be known to	~에게 유명하다(알려진 대상)
be pleased with	~에 기뻐하다	be made of	~로 만들어지다(원형 그대로)
be filled with	~로 가득 차다	be made from	~로 만들어지다(원형 변화)
be covered with	~로 덮여 있다	be surprised at[by]	~에 놀라다

| 2 | 두 개 이상의 단어로 된 동사구는 하나의 단어처럼 취급하여 항상 함께 써요.

[능동태] She laughed at me. 그녀는 나를 놀렸다.

[수동태] I was laughed at by her. 나는 그녀에 의해 놀림을 당했다.
└→ 전치사 at이 있다고 ⟨by + 행위자⟩의 by를 빠뜨리지 않도록 하세요.

동사구	수동태	동사구	수동태
turn on (~을 켜다)	be turned on	put off (~을 미루다)	be put off
turn off (~을 끄다)	be turned off	look up to (~을 존경하다)	be looked up to
take care of (~을 보살피다)	be taken care of	look down on (~을 얕잡아 보다)	be looked down on
look after (~을 돌보다)	be looked after	laugh at (~을 비웃다, 놀리다)	be laughed at

---

빈출 유형 해결

해설
- ☑ 그녀(she)의 입장에서는 '존경받지 않았던' 것이므로 동사를 수동태로 써요. 이때 동사구(look up to)를 하나의 동사처럼 함께 써요.
- ☑ 주어와 수동태 동사를 과거 부정으로 She wasn't[was not] looked up to까지 쓰고, 그 뒤에 ⟨by + 행위자⟩인 by him을 써요.

정답 She wasn't[was not] looked up to by him.

[01~04] 다음 문장을 지시에 맞게 바꿔 쓰시오.

01
> His grade didn't worry him.
> (수동태로)

→ He <u>is not worried by his grade</u> . (X)

위의 오답에서 틀린 부분을 찾아 바르게 고쳐 주세요.

☑ 시제   ☑ 전치사

→ He _____

didn't로 볼 때 시제는 과거이고 부정이므로 be는 wasn't[was not]로 쓰고, be worried는 뒤에 by가 아닌 전치사 about을 써요.

02
> The score satisfied him.
> (수동태로)

→ _____

03
> Their warm welcome pleased her.
> (수동태로)

→ _____

04
> The news surprised us.
> (수동태로)

→ _____

[05~06] 어법상 틀린 부분을 찾아 고쳐 쓰시오.

05 The door is made metal.

_____ → _____

재료 본질에 변화가 없으면 be made of, 재료가 변화하여 만들어지면 be made from을 써요. (예: Wine is made from grapes. 와인은 포도로 만들어진다.)

06 He was looked down by his boss.

_____ → _____

[07~08] 우리말과 일치하도록 주어진 말을 활용하여 문장을 완성하시오.

07
> 나는 그의 건강이 걱정된다. (worry, health)

→ I am _____ .

08
> 그 주스는 과일로 만들어졌다. (make, fruit, is)

→ The juice _____ .

[09~10] 다음 대화가 자연스럽도록 빈칸에 알맞은 말을 쓰시오.

09
> A: Who looks after the baby?
> B: She _____ her grandma.

10
> A: Did you turn off the lights?
> B: No. The lights _____ Sam.

중간고사·기말고사 실전문제

[01~05] 어법상 **틀린** 부분을 찾아 고쳐 쓰시오.

01 A lot of olive oil produces in Italy.

_____ → _____

02 The floor is cleaning by Jake now.

_____ → _____

03 The suspect will released tomorrow.

_____ → _____

04 *Black Panther* was directing by Ryan Coogler, an American film director.

_____ → _____

05 Were these fish catch by Andy?

_____ → _____

[06~10] 다음 문장과 같은 의미가 되도록 밑줄 친 부분으로 시작하여 문장을 다시 쓰시오.

06
> Kane scored <u>the first goal</u>.

→ _____

07
> The police arrested <u>the bank robbers</u>.

→ _____

08
> My grandfather took <u>the picture</u>.

→ _____

09
> The cat is chasing <u>the mouse</u>.

→ _____

10
> Clare did not write <u>that letter</u>.

→ _____

[11~15] 우리말과 일치하도록 주어진 말을 알맞게 배열하시오.
(필요시 첨가하거나 형태를 변형할 것)

11 승자는 오늘 밤에 결정될 것이다.

(decide / the winner / be / tonight / will)

→ _____

12 이 컴퓨터들은 그 기사에 의해 수리되었다.

(computers / repair / these / be / the engineer / by)

→ _____

13 Ned는 모기에게 물렸다.

(be / a mosquito / bite / Ned / by)

→ _____

14 그녀는 개에게 공격당하지 않았다.

(be / a / she / attack / dog / by)

→ _____

15 이 원은 너에 의해 그려졌니?

(this circle / draw / you / be / by)

→ _____

대화완성

[16~20] 다음 대화가 자연스럽도록 빈칸에 알맞은 말을 쓰시오.

16

A: _____ the students _____ about the trip?

B: No. The teacher didn't tell the students about the trip.

17

A: _____ the cake _____ _____ _____ Miranda?

B: No. Julie will bake the cake.

18

A: _____ the plants _____ _____ the gardener?

B: Yes, the gardener waters the plants.

19

A: _____ the information _____ _____ Detective Ericson?

B: No. Detective Kim collected the information.

20

A: Will Emily sing a song?

B: No, a song _____ _____ _____ _____ George.

[21~25] 대화를 읽고, 밑줄 친 우리말을 알맞게 영작하시오.

21

A: Will they decorate the room?

B: I think so. 그것은 그들에 의해 꾸며질 거야.

→ _____

22

A: Will Lucy accept his apology?

B: I think so. 그의 사과는 Lucy에 의해 받아들 여질지도 몰라. (may)

→ _____

23

A: Who should fill out the application form?

B: 그 신청서는 Danny에 의해 작성되는 게 좋겠어.

→ _____

24

A: Should I follow the instructions?
B: <u>그 지시 사항은 모든 사람에 의해 따라지는 것이 좋겠어요.</u> (everyone)

→ _____

25

A: Who can transfer the money?
B: 그 돈은 나에 의해 이체될 수 있어.

→ _____

빈칸 쓰기

[26~30] 우리말과 일치하도록 |보기|의 전치사와 주어진 말을 활용하여 빈칸에 알맞은 말을 쓰시오.

(필요시 형태를 변형할 것)

| 보기 |

with   about   from   as

26 그는 그의 팀의 노력에 기뻤다. (please)

→ _____ _____ _____ _____ his team's effort.

27 우리는 너의 안전에 대해 걱정한다. (worry)

→ We _____ _____ _____ your safety.

28 종이는 나무로 만들어진다. (make)

→ Paper _____ _____ _____ trees.

29 각각의 만두는 돼지고기와 새우로 가득 차 있다. (fill)

→ Each dumpling _____ _____ _____ pork and shrimp.

30 그는 언론인으로 잘 알려져 있다. (know)

→ He _____ _____ _____ a journalist.

문장 전환

[31~35] 다음 문장을 수동태 문장으로 바꿔 쓰시오.

31

She did not build the Eiffel Tower.

→ The Eiffel Tower _____.

32

Many teenagers like junk food.

→ Junk food _____.

33

Sophia will not cook dinner.

→ Dinner _____.

34

The manager did not fire them.

→ They _____.

35

Mr. Craig opened a shop.

→ A shop _____.

[36~37] 다음 문장이 수동태이면 능동태로, 능동태이면 수동태로 바꿔 쓰시오.

36

His grandmother looked after him.

→ _____

37

Their music is listened to by millions of people.

→ _____

38 다음 그림을 보고, 주어진 말을 활용하여 빈칸에 알맞은 말을 쓰시오. (필요시 형태를 변형할 것)

→ The injured man _____ _____

_____ to the hospital now. (take, be)

39 다음 2014, 2016, 2017년도에 일어난 일을 나타낸 표를 보고, 빈칸에 알맞은 말을 쓰시오.

연도	주어	동사	행위자
2014	the 2014 World Cup	win	Germany
2016	a spacecraft	launch	NASA
2017	3,000 houses	damage	a hurricane

(1) The 2014 World Cup _____ _____

_____ _____.

(2) A spacecraft _____ _____ _____

_____ in 2016.

(3) 3,000 houses _____ _____

_____ _____ _____ in 2017.

40 다음 글을 읽고, 밑줄 친 문장을 수동태로 바꿔 쓰시오.

A circus came to town. Amy was so excited. (1) Her father took her to the circus.

At the circus, Amy saw lions. (2) A man was holding a large ring. One by one, the lions jumped through the ring.

Then there was an elephant. The elephant went up a ball and stood there. (3) The elephant showed some tricks on the ball.

Amy loved the show. After the show, Amy's father bought her a toy bear. She hugged the toy bear all the way home.

(1) → _____

(2) → _____

(3) → _____

CHAPTER

[04]

to부정사

Unit 01 to부정사의 명사적 쓰임 1 – 주어 / 보어 / 가주어 it

Unit 02 to부정사의 명사적 쓰임 2 – 목적어

Unit 03 to부정사의 형용사적 쓰임

Unit 04 의문사 + to부정사

Unit 05 to부정사의 부사적 쓰임 – 목적 / 감정의 원인

Unit 06 to부정사를 이용한 표현 – too ~ to V / ~ enough to V / so ~ that

CHAPTER 04
WORD LIST

• 이번 챕터에서 나올 어휘들을 미리 확인해 보세요.

☐	airport	공항
☐	attract	마음을 끌다, 끌어들이다
☐	avoid	피하다
☐	choose	선택하다
☐	crowd	사람들, 군중, 무리
☐	death	죽음
☐	delicious	맛있는
☐	enough	충분한; 충분히
☐	explain	설명하다
☐	future	미래
☐	generous	관대한, 너그러운
☐	grow up	자라다, 성장하다
☐	happen	(일이) 일어나다, 발생하다
☐	important	중요한
☐	mountain	산, 산더미
☐	polite	예의 바른
☐	promise	약속(하다)
☐	protect	보호하다, 지키다
☐	quit	그만두다
☐	reserve	예약하다
☐	skip	빠뜨리다, 빼먹다
☐	take care of	~을 돌보다, ~을 처리하다
☐	twist	비틀다, 일그러뜨리다
☐	washing machine	세탁기
☐	whisper	속삭이다

Spelling 주의

• 쓸 때 철자에 주의해야 하는 단어들을 미리 익혀 두세요.

☐	announcer	아나운서, 방송 진행자
☐	be familiar with	~에 친숙[익숙]하다
☐	climb	오르다, 올라가다
☐	difficult	어려운
☐	disappear	사라지다
☐	impossible	불가능한

01 to부정사의 명사적 쓰임 1 주어 / 보어 / 가주어 it

빈출 유형 | 단어 배열

우리말과 일치하도록 주어진 말을 알맞게 배열하시오.

> 아침 식사를 하지 않는 것은 너에게 나쁘다.
> (have / breakfast / to / not / bad / for you / is)

→ It _____ .

 문장력 UP

주어 아침 식사를 하지 않는 것 → 단수 취급

동사 ~이다(be) → is

어순 가주어 It + V + C + 진주어(not to V)

필수
문법

| 1 | to부정사는 명사의 역할을 하여 주어나 보어 자리에 쓸 수 있어요.

주어 자리	보어 자리
To read a book every day is important.	My plan is to read a book every day.
매일 책을 읽는 것은 중요하다.	나의 계획은 매일 책을 읽는 것이다.

* to부정사 주어는 단수 취급하여 be동사는 is/was를 쓰고, 일반동사 현재형은 -(e)s를 붙여요.

| 2 | to부정사 앞에 <u>not</u>을 붙여 to부정사 자체를 <u>부정</u>의 의미로 만들 수 있어요.

To eat fast food is <u>not</u> healthy. 즉석식을 먹는 것은 건강에 좋지 않다.
└→ 동사를 부정하여 문장 전체를 부정문으로 만든 경우
<u>Not to eat fast food</u> is impossible. 즉석식을 먹지 <u>않는</u> 것은 불가능하다.
└→ to부정사의 의미만 부정으로 만든 경우

| 3 | to부정사가 주어인 경우, 주로 <u>가주어 it</u>을 주어 자리에 쓰고 <u>to부정사구</u>는 문장 뒤에 써요.

It is not healthy <u>to eat fast food</u>.
└→ 가주어 it(의미 없음)　　└→ 진주어(to부정사구)
It is impossible <u>not to eat fast food</u>.

빈출
유형
해결

해설
☑ 주어인 '아침 식사를 하지 않는 것'은 to부정사 앞에 not을 붙여서 not to have breakfast로 써요.
☑ 주어 뒤에 동사는 is를 쓰고 보어인 bad, 나머지 말 for you의 순서로 써요.
☑ 주어로 가주어 It이 제시되어 있으므로 진주어인 to부정사구를 맨 뒤로 보내요.

정답 is bad for you not to have breakfast

56 MY WRITING COACH 내신서술형 중2

단어 배열
[01~04] 우리말과 일치하도록 주어진 말을 알맞게 배열하시오.

01

> 다른 사람들의 말을 듣는 것이 중요하다.
> (important / listen / to / is / it / others / to)

→ <u>To listen others is important to it.</u>   (X)

👤 위의 오답에서 **틀린 부분**을 찾아 바르게 고쳐 주세요.

   ☑ 가주어 it　　☑ 진주어의 위치　　☑ 전치사 to

→ _____

💬👤 문장에서 it을 대명사(그것)로 쓸 곳이 없으므로, 가주어로 써야
해요. 그리고 진주어인 to부정사구(to listen to others)를 맨 뒤
에 써요.

02

> 너의 약속을 지키는 것은 중요하다.
> (important / to / your / is / promise / it / keep)

→ _____

03

> 너무 빨리 먹는 것은 너에게 좋지 않다.
> (eat / not / fast / to / for / you / is / good / too)

→ _____

04

> 학교에서 그를 안 보는 것은 불가능하다.
> (impossible / school / him / not / is / at / it / to / see)

→ _____

💬👤 to부정사의 부정은 not을 to부정사 앞에 붙여서 표현해요.

오류 수정
[05~06] 어법상 틀린 부분을 찾아 고쳐 쓰시오.

05 To have a lot of friends are impossible for me.

_____ → _____

06 It is rude to not say hi to your teacher.

_____ → _____

빈칸 쓰기
[07~08] 우리말과 일치하도록 주어진 말을 활용하여 빈칸에
알맞은 말을 쓰시오.

07

> 그녀를 믿기는 쉽지 않았다. (easy, believe)

→ _____ _____ _____ _____

_____ her.

08

> 설명하기가 매우 어렵다.
> (difficult, explain, very)

→ _____ _____ _____ _____

_____ _____.

조건 영작
[09~10] 우리말을 |조건| 에 맞게 영작하시오.

┌ 조건 ┐
• 가주어 it과 to부정사를 사용할 것
• 주어진 말을 사용할 것
└────────┘

09 요즘은 일자리를 구하기가 어렵다. (a job, hard, get)

→ _____ these days.

10 귓속말하는 것은 예의가 아니라는 걸 모르니?
(polite, whisper)

→ Don't you know _____?

02 to부정사의 명사적 쓰임 2 목적어

우리말과 일치하도록 주어진 말을 활용하여 문장을 완성하시오.

> 나는 캠핑 가지 않기로 결정했다.
> (decide, go camping)

→ _____

 문장력 UP

주어 나(I)

동사 결정했다(과거) → decided

어순 S + V + O(not to V)

필수 문법

| 1 | 명사 역할을 하는 to부정사는 주어, 보어 자리 이외에 **목적어 자리**에도 쓸 수 있어요.

[주어 자리]　To get up early is hard.
　　　　　　일찍 일어나는 것은 어렵다.

[보어 자리]　The first step is to get up early.
　　　　　　첫 번째 단계는 일찍 일어나는 것이다.

[목적어 자리]　She wants to get up early.
　　　　　　그녀는 일찍 일어나기를 원한다.
　　　　　　* want(원하다)의 목적어: 일찍 일어나기를

| 2 | 모든 동사가 목적어로 to부정사를 쓰지는 않으므로, to부정사를 쓰는 동사들을 알아 두세요.

동사 + 목적어	의미	동사 + 목적어	의미
want to V	～하기를 원하다	promise to V	～하기로 약속하다
need to V	～하는 것이 필요하다	learn to V	～하는 것을 배우다
hope to V	～하기를 희망하다	plan to V	～하기로 계획하다
wish to V	～하기를 기원하다	would like to V	～하기를 원하다
decide to V	～하기로 결정하다	agree to V	～하기로 동의[약속]하다

• to부정사가 목적어 자리에 쓰인 경우에도, to부정사 앞에 not을 붙여 to부정사를 부정의 의미로 만들어요.

He promised not to tell a lie again. 그는 다시는 거짓말을 하지 않기로 약속했다.

빈출 유형 해결

해설
- ☑ 과거 시제 긍정문이므로 주어와 동사는 I decided로 써요.
- ☑ 동사의 목적어는 '캠핑 가지 않기'이며, decided는 to부정사를 목적어로 취하는 동사이므로 뒤에 to go camping으로 써요.
- ☑ '가지 않기'이므로 부정의 not을 to부정사 앞에 붙여요.

정답 I decided not to go camping.

문장 완성

[01~04] 우리말과 일치하도록 주어진 말을 활용하여 문장을 완성하시오.

01

> 그녀는 10시까지 여기 오기로 약속했다.
> (by, come, promise, here, 10 o'clock)

→ She promise come here by 10 o'clock. _____ (X)

 위의 오답에서 틀린 부분을 찾아 바르게 고쳐 주세요.

☑ 시제   ☑ 목적어 형태

→ _____

💬👤 문장의 시제는 과거이므로 promised로 쓰고, 목적어는 to부정사를 써요.

02

> 그는 그 시합을 나와 함께 보기를 원했다.
> (want, see, game, with)

→ He _____.

03

> 그녀는 유학을 계획하는 중이다.
> (study abroad, plan)

→ She _____.

💬👤 현재 진행 시제로 써야 하며, plan은 n을 하나 추가한 후 -ing를 붙여야 해요.

04

> 우리는 목요일에 만나기로 합의했다.
> (agree, meet, Thursday)

→ We _____.

오류 수정

[05~06] 어법상 틀린 부분을 찾아 고쳐 쓰시오.

05 Would you like waiting here?

_____ → _____

06 I wish speak to the manager.

_____ → _____

단어 배열

[07~08] 우리말과 일치하도록 주어진 말을 알맞게 배열하시오.

07 너는 다음번에 더 잘해야 한다.

(next / do / need / you / time / better / to)

→ _____

08 나는 약간의 주스를 마시기를 원한다.

(juice / to / I / have / would / some / like)

→ _____

대화 완성

[09~10] 대화를 읽고, 밑줄 친 우리말을 알맞게 영작하시오.

> A: What are you doing after this?
> B: I need to see Mr. Lee at his office, but it will only take a minute.
> A: Remember? **09** <u>내가 그 새로운 식당에 너를 데려간다고 약속했지.</u> (take, promise, to, new, restaurant, to)
> B: How did I forget?
> A: **10** <u>너는 오늘 거기에 가기를 원하니?</u> (go, today, like, to, would, there)

09 _____

10 _____

03 to부정사의 형용사적 쓰임

빈출 유형 | **단어 배열**

우리말과 일치하도록 주어진 말을 알맞게 배열하시오.

그녀는 마실 차가운 뭔가가 필요한가요?

(she / something / drink / to / cold / need / does)

→ _____

> **문장력 UP**
>
> **주어** 그녀(she)
>
> **동사** 필요하다(현재) → needs
>
> **어순** 의문문
> → 조동사(Does)＋S＋동사원형＋O ~?

 필수 문법

| 1 | to부정사는 '~하는, ~해야 할'이라는 의미로 명사를 수식하는 <u>형용사 역할</u>을 할 수 있어요.

I have five <u>books</u> to read. 나는 읽어야 할 다섯 권의 책이 있다.
└→ 명사 books를 뒤에서 수식해요. (읽어야 할 책)

There are two <u>ways</u> to get there. 거기에 도착하는 두 가지 방법[길]이 있다.
└→ 명사 ways를 뒤에서 수식해요. (도착하는 방법)

| 2 | 형용사 역할을 하는 to부정사는 <u>-thing, -one[-body]</u>으로 끝나는 명사와 자주 함께 써요.

I want <u>something</u> to drink. 나는 마실 뭔가를 원한다.

There is <u>nothing</u> to watch. 볼 것이 하나도 없다.

I need <u>someone</u> to teach me. 나는 <u>나를 가르쳐 줄</u> 누군가가 필요하다.

Is there <u>anyone</u> to help me? <u>나를 도와줄</u> 누군가가 있나요?

| 3 | -thing, -one[-body]으로 끝나는 명사를 쓸 때는 수식하는 말의 순서에 주의하세요.

I need ~~sweet~~ <u>something</u>. (X)

I need <u>something</u> sweet. (O) 나는 달콤한 뭔가가 필요하다.

* -thing, -one[-body]은 형용사가 뒤에서 수식해요.

I need <u>something</u> to drink ~~warm~~. (X)

I need <u>something</u> warm to drink. (O) 나는 마실 따뜻한 뭔가가 필요하다.

* 〈-thing, -one[-body]＋형용사＋to부정사〉의 순서로 써요.

빈출 유형 해결

해설
☑ 의문문이므로 의문문 어순인 Does she need로 써요.
☑ 목적어인 '마실 차가운 뭔가'는 〈something＋형용사＋to부정사(형용사 역할)〉의 어순인 something cold to drink로 써요.

정답 Does she need something cold to drink?

단어 배열

[01~04] 우리말과 일치하도록 주어진 말을 알맞게 배열하시오.
(필요시 형태를 변형할 것)

01
> 그것을 해결할 방법이 없다.
> (solve / no / way / be / there / to / it)

→ <u>There are no way solve it.</u>   (X)

👤 위의 오답에서 **틀린** 부분을 찾아 바르게 고쳐 주세요.

☑ 동사의 수일치   ☑ to부정사의 형용사적 쓰임

→ _____

💬👤 There be 뒤의 주어인 no way는 단수이므로 be동사는 is로 쓰고, '해결할 방법'은 way to solve로 써요.

02
> 나는 달콤한 마실 뭔가를 원한다.
> (drink / something / want / sweet / to / I)

→ _____

03
> 이것이 그것을 찾는 한 방법이 될 수 있다.
> (be / this / find / way / can / to / it / a)

→ _____

04
> 재미있는 읽을 것이 하나도 없다.
> (nothing / read / be / there / to / interesting)

→ _____

오류 수정

[05~06] 우리말을 영어로 옮길 때, 어법상 **틀린** 부분을 찾아 고쳐 쓰시오.

05 나는 함께 놀 친구를 원해.
→ I want a friend with to play.

_____ → _____

06 나는 매운 먹을 뭔가를 요청했다.
→ I asked for spicy something to eat.

_____ → _____

💬👤 〈something + 형용사 + to부정사〉의 순서로 써요.

문장 완성

[07~08] 우리말과 일치하도록 주어진 말을 활용하여 문장을 완성하시오. (단, 동사의 형태를 변형할 것)

07 너는 그것을 살 충분한 돈이 있었다.
(have, buy, money, enough)

→ You _____ it.

08 나는 처리해야 할 일들을 가지고 있다.
(have, take care, things, of)

→ _____

대화 완성

[09~10] 대화를 읽고, 밑줄 친 우리말을 알맞게 영작하시오.

09
> A: You can't do this alone.
>   Ask someone to help you.
> B: <u>나를 도와줄 사람이 아무도 없어.</u>
>   (no one, there, help)

→ _____

10
> A: Let's go out and have fun.
> B: I can't.
> A: Why not?
> B: <u>나는 끝내야 할 숙제가 있어.</u>
>   (have, finish, homework)

→ _____

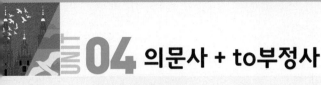

04 의문사 + to부정사

대화를 읽고, 밑줄 친 우리말을 알맞게 영작하시오.

> A: Don't forget to stop by the store.
> B: I won't. Just 뭘 살지를 내게 말해 줘. (buy, tell, to)

→ _____

문장력 UP

주어 주어 없음 (명령문)

동사 말하다(tell)

어순 4형식 → …에게 ~을 말하다
V + O(…에게) + O(~을)

 | 1 | 〈의문사＋to부정사〉의 형태로 쓰면 '무엇을 ~할지', '언제 ~할지'와 같은 의미를 만들어요.

의문사 + to부정사	의미	예문
what to eat	무엇을 먹을지	I don't know what to eat. 나는 무엇을 먹을지 모른다.
when to leave	언제 떠날지	Tell me when to leave. 언제 떠날지 내게 말해 줘.
where to stay	어디서 묵을지	Let's decide where to stay. 어디서 묵을지 결정하자.
how to swim	어떻게 수영하는지	Do you know how to swim? 어떻게 수영하는지 아니?
who(m) to trust	누구를 믿을지	The question is who to trust. 문제는 누구를 믿을지다.

| 2 | 〈의문사＋to부정사〉는 하나의 명사구로 주어, 보어, 목적어 자리에 써요.

[주어] Where to meet is the problem. 어디서 만날지가 문제다.

[보어] The problem is who to invite. 문제는 누구를 초대할지다.

[목적어] I know what to wear. 나는 무엇을 입을지를 알고 있다.

| 3 | 〈의문사＋to부정사〉에서 to부정사는 목적어, 전치사구, 부사를 취할 수 있어요.

[주어] Where to meet them is the problem. 어디서 그들을 만날지가 문제다.
└→ 목적어

[보어] The problem is who to invite to the party. 문제는 파티에 누구를 초대할지다.
└→ 전치사구

[목적어] I know what to wear tomorrow. 나는 내일 무엇을 입을지를 알고 있다.
└→ 부사

빈출 유형 해결

해설

☑ '가게에 들르는 것을 잊지 말라'고 하자, I won't(잊지 않을 것이다)라고 답한 뒤 '뭘 살지를 내게 말해 줘'라고 하는 상황이에요.

☑ '…에게 ~을 말해 주다'의 4형식 문장이며, '말해 줘'는 명령문으로 동사(tell)로 문장을 시작해요.

☑ me(나에게)를 먼저 쓰고, 그 뒤에 '무엇을 살지를'은 〈의문사＋to부정사〉로 표현해요.

정답 tell me what to buy

대화 완성

[01~04] 대화를 읽고, 밑줄 친 우리말을 알맞게 영작하시오.

01

> A: John needs to go to the mall.
> B: Mall? <u>그가 거기에 어떻게 가는지 알아?</u>
>   (get, know, to, there)

→ <u>Do he knows where get to there?</u>   (X)

위의 오답에서 **틀린** 부분을 찾아 바르게 고쳐 주세요.

☑ 조동사/동사   ☑ 의문사 종류   ☑ to부정사 위치

→ _____

주어가 3인칭 단수이므로 의문문은 〈Does he + 동사원형 ~?〉으로 써요. '거기에 어떻게 가는지'는 〈의문사 how + to부정사〉의 형태로 써요.

02

> A: <u>나는 그에게 언제 말해야 할지 모르겠어.</u> (know)
> B: Tell him right now.

→ _____

03

> A: <u>이것을 어떻게 여는지 내게 말해 줘.</u> (tell, me)
> B: Twist the bottle cap to open it.

→ _____

04

> A: <u>그를 어디서 만나야 할지 모르겠어.</u> (know)
> B: You can meet him at the cafe.

→ _____

'어디서 ~할지'는 〈where + to부정사〉로 표현해요.

단어 배열

[05~06] 우리말과 일치하도록 주어진 말을 알맞게 배열하시오.

05 너는 수영하는 법을 아니?

(to / know / do / swim / you / how)

→ _____

06 너는 무엇을 뽑을지 결정할 수 있다.

(pick / decide / to / you / can / what)

→ _____

빈칸 쓰기

[07~08] 우리말과 일치하도록 주어진 말을 활용하여 빈칸에 알맞은 말을 쓰시오.

07 언제 시작할지는 중요하지 않다. (start)

→ _____ _____ _____

_____ important.

08 방학에 어디로 갈지에 대해 생각해라.

(about, go, think, for)

→ _____ _____ _____

_____ _____ the vacation.

독해형 영작

[09~10] 다음 이메일을 읽고, 밑줄 친 우리말을 〈의문사 + to 부정사〉와 주어진 말을 활용하여 영작하시오.

> Thank you for reserving a hotel for me. Let me know the name of the hotel and **09** <u>거기에 가는 법</u> (get).
>
> Since I'm not familiar with Korean food, could you please recommend **10** <u>뭘 주문할지</u> (order) from a restaurant?
>
> Sincerely,
> Dave

09 _____

10 _____

05 to부정사의 부사적 쓰임 목적 / 감정의 원인

빈출 유형 **조건 영작**

우리말을 |조건|에 맞게 영작하시오.

┌ 조건 ┐
- go shopping, rent와 to부정사를 사용할 것
- 6 단어를 추가하여 문장을 완성할 것

그는 쇼핑을 가기 위해서 차 한 대를 빌렸다.

→ He _____.

 문장력 UP

주어 그(he)

동사 빌렸다(과거) → rented

어순 S + V + O + 부사(~하기 위해)

|1| to부정사는 '~하기 위해'라는 <u>목적</u>의 의미로 문장 앞이나 뒤에서 <u>부사의 역할</u>을 할 수 있어요.

[목적] She came to say goodbye. 그녀는 작별 인사를 하기 위해 왔다.
↳ 동사의 목적어(~을/를)가 아닌 부사적 쓰임 → ~하기 위해

- 목적(~하기 위해)을 나타내는 to부정사는 <u>in order to</u>나 <u>so as to</u>로 바꿔 쓸 수 있어요.

|2| to부정사는 <u>감정을 나타내는 형용사 뒤</u>에서 '~하게 되어'라는 의미로 쓸 수도 있어요.

감정 형용사	주어 + 동사 + 형용사	to부정사(구)	의미
happy	I am happy	to see you	<u>널 보게 되어</u> 행복하다
glad	I am glad	to meet you	<u>널 만나게 되어</u> 기쁘다
sad	I am sad	to leave you	<u>널 떠나게 되어</u> 슬프다
sorry	I am sorry	to hear that	<u>그걸(그런 말을) 듣게 되어</u> 안타깝다

* sorry는 '미안한'이라는 의미 외에도 '안타까운, 애석한'이라는 의미로도 쓰여요.

|3| to부정사는 '~하는 걸 보니' 또는 '…해서 (결국) ~하다'라는 의미로도 쓸 수 있어요.

[판단의 근거] She is silly to trust him. <u>그를 믿는 걸 보니[믿다니]</u> 그녀는 어리석다.
He must be smart to solve it. <u>그것을 푸는 걸 보니[풀다니]</u> 그는 똑똑한 게 틀림없다.

[앞일의 결과] She lived to see her first grandson. 그녀는 살아서 <u>(결국) 그녀의 첫 손자를 봤다.</u>
He grew up to be a pianist. 그는 자라서 <u>피아니스트가 되었다.</u>
He tasted freedom only to lose it again. 그는 자유를 맛보았지만 <u>(결국) 그것을 다시 잃게 되었다.</u>
* only to ~는 앞일에 반대되는 결과를 나타내는 의미가 되어요.

빈출 유형 해결

해설
☑ '그는 빌렸다'는 과거 시제로 He rented를 쓰고, 목적어인 '차 한 대를'은 부정관사를 넣어 a car로 써요.
☑ '~하기 위해'는 to부정사(목적)로 표현하므로 to go shopping을 문장 끝에 써요.

정답 rented a car to go shopping

실전 유형으로 PRACTICE

조건 영작

01 우리말을 | 조건 |에 맞게 영작하시오.

> **조건**
> - must, busy, skip, lunch와 to부정사를 사용할 것
> - 6 단어를 추가하여 문장을 완성할 것

점심을 거르다니 너는 바쁜 게 분명하구나.

→ You _must busy skip to lunch_ . (X)

👤 위의 오답에서 틀린 부분을 찾아 바르게 고쳐 주세요.

　　　☑ 동사　　☑ to부정사

→ You _____ .

💬 형용사(busy)를 쓰기 위해서는 be동사가 필요해요. 조동사 must 뒤에 동사원형(be)으로 써야 하며, to부정사는 〈to + 동사원형〉의 형태, 즉 to skip으로 써요.

[02~04] 우리말을 | 조건 |에 맞게 영작하시오.

> **조건**
> - 주어진 말과 to부정사를 사용할 것
> - 6 단어를 추가하여 문장을 완성할 것

02 당신께 다시 물어봐서 죄송합니다.

(ask, sorry, again)

→ I _____ .

03 그녀는 물을 좀 얻기 위해 그 방을 떠났다.

(water, room, get, some)

→ She left _____ .

💬 '~하기 위해'라는 목적을 나타내는 to부정사가 필요해요.

04 그와 수다를 떨다니 그녀는 한가한 게 틀림없다.

(chat, free, with)

→ She must _____ .

빈칸 쓰기

[05~06] 우리말과 일치하도록 주어진 말을 활용하여 빈칸에 알맞은 말을 쓰시오. (필요시 형태를 변형할 것)

05 그녀는 커서 아나운서가 되었다. (be, grow up)

→ She _____ _____ _____ _____ an announcer.

06 이렇게 많이 주문하다니 너는 배고픈 게 틀림없다.

(must, order, hungry)

→ You _____ _____ _____ _____ _____ this much.

단어 배열

[07~08] 우리말과 일치하도록 주어진 말을 알맞게 배열하시오.

07 나는 여기서 너를 발견하게 되어 기쁘다.

(glad / here / find / you / am / to / I)

→ _____

08 저는 질문을 하기 위해 전화했어요.

(question / called / I / order / a / ask / to / in)

→ _____

문장 완성

[09~10] 우리말과 일치하도록 주어진 말을 활용하여 문장을 완성하시오.

09 그는 한국을 떠났지만, 결국 금방 돌아왔다.

(back, leave, come, only, soon, Korea)

→ He _____ .

10 그를 초대하다니 그녀는 관대한 게 틀림없다.

(generous, invite, must)

→ She _____ .

06 to부정사를 이용한 표현 too ~ to V / ~ enough to V / so ~ that

빈출 유형 　문장 전환

다음 문장과 같은 의미가 되도록 to부정사를 사용하여 문장을
바꿔 쓰시오.

> He was so busy that he couldn't help me.

→ He _____ .

 문장력 UP

주어 그(he)

동사 ~이었다(be) → was

어순 S+V+so 보어 that+문장
　　 → S+V+too 보어+to V

 | 1 | ⟨too 형/부 + to부정사⟩는 '…하기에 너무 ~한[하게]'이라는 표현이에요.

[too 형용사+to V] She was too tired to go out. 그녀는 외출하기에는 너무 피곤했다.

[too 부사+to V] He came too late to meet her. 그는 그녀를 만나기에는 너무 늦게 왔다.

| 2 | ⟨형/부 enough + to부정사⟩는 '…하기에 충분히 ~한[하게]'이라는 표현이에요.

[형용사 enough+to V] She is smart enough to solve it. 그녀는 그것을 풀기에 충분히 똑똑하다.

[부사 enough+to V] He came early enough to see her. 그는 그녀를 보기에 충분히 일찍 왔다.

| 3 | ⟨too ~ to부정사⟩나 ⟨~ enough to부정사⟩는 ⟨so ~ that⟩ 구문으로 바꿔 쓸 수 있어요.

[too ~ to V] He came too late to meet her.

[so ~ that] He came so late that he couldn't meet her.
그는 매우 늦게 와서 그녀를 만날 수 없었다.

[~ enough+to V] She is smart enough to solve it.

[so ~ that] She is so smart that she can solve it.
그녀는 매우 똑똑해서 그것을 풀 수 있다.

* ⟨so ~ that⟩에서 that 이하는 시제와 문맥에 맞게 can, can't, could, couldn't, don't, doesn't, did, didn't를 써요.

빈출
유형
해결

해설

☑ 주어진 문장이 '그는 무척 바빠서 나를 도와줄 수 없었다'이고, 이를 to부정사로 표현하면 '그는 나를 돕기에는 너무 바빴다'가 돼요.

☑ '…하기에 너무 ~한'은 too ~ to V로 쓰므로 He was too busy를 쓰고 그 뒤에 to help me(나를 돕기에는)를 써요.

정답 was too busy to help me

[문장 전환]

[01~04] 다음 문장과 같은 의미가 되도록 지시에 맞게 문장을 바꿔 쓰시오.

01
> She ran so fast that she could catch him.
> (to부정사로)

→ <u>She ran too fast to catch him.</u>　　(X)

👤 위의 오답에서 틀린 부분을 찾아 바르게 고쳐 주세요.

☑ ⟨too ~ to V⟩와 ⟨~ enough to V⟩의 의미 차이

→ _____

💬 의미상 '그를 잡기에 너무 빨리 달렸다(too ~ to V)'가 아니라 '그를 잡기에 충분히 빨리 달렸다(~ enough to V)'가 돼야 해요.

02
> She was rich enough to buy the car.
> (so ~ that 구문으로)

→ _____

💬 과거 시제이고 문맥상 긍정의 의미이므로 that 이하에 could를 써요.

03
> The rope was so long that I couldn't find its end.
> (to부정사로)

→ _____

04
> The luggage is so heavy that I can't carry it.
> (to부정사로)

→ _____

[오류 수정]

[05~06] 우리말을 영어로 옮길 때, 어법상 틀린 부분을 찾아 고쳐 쓰시오.

05 그들은 너무 가난해서 그걸 살 수 없었다.
→ They were poor enough to buy it.

_____ → _____

06 Ben은 너무 어리석어서 그녀를 이해할 수 없었다.
→ Ben was so silly that he could understand her.

_____ → _____

[단어 배열]

[07~08] 우리말과 일치하도록 주어진 말을 알맞게 배열하시오.

07 우리는 테이블을 얻을 수 있을 만큼 일찍 도착했다.
(arrived / table / enough / get / early / to / a)

→ We _____.

08 그녀는 매일 여기에 오기에는 너무 멀리 산다.
(lives / come / to / she / too / here / far)

→ _____ every day.

[문장 완성]

[09~10] 우리말과 일치하도록 to부정사와 주어진 말을 활용하여 문장을 완성하시오. (필요시 형태를 변형할 것)

09
> 그는 그 버스를 잡기에는 너무 늦게 일어났다.
> (get up, catch, late)

→ _____

10
> 그녀는 그 산에 오를 만큼 충분히 강하다.
> (climb, be, mountain, strong)

→ _____

중간고사·기말고사 실전문제

[01~05] 어법상 **틀린** 부분을 찾아 고쳐 쓰시오.

01 Mia decided going to the park.

_____ → _____

02 It is important prepared for your future.

_____ → _____

03 I bought some flowers to giving my mother.

_____ → _____

04 It was enough delicious to serve to our guests.

_____ → _____

05 We arrived at the airport early in order to avoiding large crowds.

_____ → _____

[06~10] 우리말과 일치하도록 주어진 말을 알맞게 배열하시오.

06

Owen은 나를 보게 되어 놀랐다.
(me / see / surprised / was / Owen / to)

→ _____

07

나는 어디서 그들을 찾을지 모르겠다.
(know / don't / find / them / where / to)

→ I _____.

08

우리는 내일 Tom을 방문하기로 계획했다.
(planned / Tom / visit / to / tomorrow)

→ We _____.

09

넌 건강을 유지하기 위해 운동을 하는 게 좋겠다.
(healthy / stay / should / to / exercise)

→ You _____.

10

Logan의 꿈은 농장을 소유하는 것이다.
(dream / own / Logan's / to / is / a farm)

→ _____

[11~15] 우리말과 일치하도록 주어진 말을 활용하여 빈칸에 알맞은 말을 쓰시오. (필요시 형태를 변형할 것)

11 그의 아들은 자라서 소방관이 되었다.
(grow up, be, a firefighter)

→ His son _____ _____ _____

_____ _____ _____.

12 너에게 Paul에 관해 물어보려고 전화하고 있다. (ask)

→ I am calling _____ _____ _____

about Paul.

13 나는 그를 거기서 보게 되어 기뻤다.

(glad, see, there)

→ I was _____ _____ _____

_____ _____.

14 나는 가까운 시일 내에 너를 다시 만나기를 희망한다.

(hope, see, again)

→ I _____ _____ _____ _____

_____ in the near future.

15 우리는 지켜야 할 규칙들을 가지고 있다.

(rules, follow)

→ _____ _____ _____ _____

_____.

문장 완성

[16~20] 보기 의 단어를 활용하여 문장을 완성하시오.

(단, 보기 의 단어는 한 번씩만 사용할 것)

┌ 보기 ┐
| wash | help | drive | take | enjoy |

16 My car broke down. I need someone

_____ me home.

17 I don't feel well. I want some medicine

_____.

18 I loved the time in Hawaii. There were lots of

water sports _____.

19 I am too busy with work. I need someone

_____ me.

20 I had friends over for dinner. I have a lot of

dishes _____.

대화 완성

[21~23] 대화를 읽고, 보기 의 의문사와 주어진 말을 활용하여 밑줄 친 우리말을 알맞게 영작하시오.

┌ 보기 ┐
| what | how | when | who | where |

21

A: Are you ready to start the machine?

B: I am. 언제 버튼을 누를지 나에게 말만 해.

(tell, press)

→ Just _____ _____ _____

_____ _____ the button.

22

A: Put the book back in its place.

B: 죄송하지만, 이 책을 어디에 둘지 잊어버렸어요.

(put, book)

→ I'm sorry, but I forgot _____ _____

_____ _____ _____.

23

A: Is it your first time using a washing

machine?

B: Yes, it is.

그것을 어떻게 쓰는지 나에게 보여 줄 수 있니?

(show)

→ Can you _____ _____ _____

_____ _____ it?

대화를 읽고, 밑줄 친 우리말을 알맞게 영작하시오.
(필요시 형태를 변형할 것)

24

A: I'm just tired. I want to quit.

B: 지금은 포기할 때가 아니야.
(the time, give up, be)

→ Now _____ .

25

A: Did something good happen?

B: 나는 디즈니랜드에 가게 되어 매우 신나!
(so, excited, to, Disneyland)

→ _____

26

A: What was the message about?

B: 그 메시지는 읽기에는 너무 빠르게 사라졌어.
(disappeared, quickly, read)

→ _____

27

A: What's wrong? You look depressed.

B: 그의 죽음에 대해 듣게 되어 너무 슬퍼.
(so, sad, hear, about, death)

→ _____

조건 영작

[28~32] 우리말을 | 조건 |에 맞게 영작하시오.

28 ┤ 조건 ├
• 〈의문사＋to부정사〉를 사용할 것
• 8 단어로 쓸 것
• show, park를 사용할 것

그가 나에게 어디에 그 차를 주차할지 알려 줬다.

→ _____

29 ┤ 조건 ├
• to부정사를 사용할 것
• 6 단어로 쓸 것
• get up, exercise를 사용할 것

나는 운동하려고 일찍 일어났다.

→ _____

30 ┤ 조건 ├
• to부정사를 사용할 것
• 6 단어로 쓸 것
• have, a promise, keep을 사용할 것

나에게는 지켜야 할 약속이 있다.

→ _____

31 ┤ 조건 ├
• 가주어 it을 사용할 것
• 8 단어로 쓸 것
• become, singer, easy를 사용할 것

가수가 되기는 쉽지 않다.

→ _____

32 ┤ 조건 ├
• 〈의문사＋to부정사〉를 사용할 것
• 6 단어로 쓸 것
• choose, buy, can을 사용할 것

무엇을 살지를 우리가 선택할 수 있다.

→ _____

문장 전환

[33~37] 다음 문장과 같은 의미가 되도록 지시에 따라 문장을 바꿔 쓰시오.

33 He is too short to reach the top shelf.
(so, that 사용)

→ _____

34 This village is so unique that it can attract many tourists.

(enough 사용)

→ _____

35 To go to bed late is not a good habit.

(가주어 it 사용)

→ _____

36 He was so shy that he couldn't speak to us.

(too, to 사용)

→ _____

37 Chloe was strong enough to protect herself.

(so, that 사용)

→ _____

그림 영작

38 다음 그림을 보고, 주어진 말과 알맞은 의문사를 활용하여 빈칸에 알맞은 말을 쓰시오.

→ He _____ _____ _____ _____

_____ _____. (fish, know)

도표 영작

39 다음 표를 보고, 빈칸에 알맞은 말을 쓰시오.

	Name	Goal
(1)	Minsu	learn swimming
(2)	Yumi	practice the piano
(3)	Jina	go jogging

(1) Minsu is planning _____ _____

_____.

(2) Yumi's goal is _____ _____

_____ _____.

(3) _____ is Jina's goal _____ _____

_____.

오류 수정 – 고난도

40 다음 중 어법상 틀린 문장 3개를 찾아 고쳐 쓰시오.

> (A) He is working hard to save money.
> (B) My boots are to wet too wear.
> (C) She is enough old to have grandchildren.
> (D) It is my dream to visit the Grand Canyon.
> (E) Kevin didn't bring tasty anything to eat.

	기호	틀린 부분	고친 내용
(1)			
(2)			
(3)			

[05]

동명사와 분사

Unit 01 동명사의 명사적 쓰임 1 – 주어 / 보어

Unit 02 동명사의 명사적 쓰임 2 – 목적어

Unit 03 동명사 목적어 *vs.* to부정사 목적어

Unit 04 동명사 관용 표현

Unit 05 분사의 형태와 명사 수식 역할

Unit 06 분사의 보어 역할과 감정 분사

CHAPTER 05
WORD LIST

• 이번 챕터에서 나올 어휘들을 미리 확인해 보세요.

☐	all of a sudden	갑자기
☐	behavior	행동
☐	be worth V-ing	~할 가치가 있다
☐	clothes	옷, 의복
☐	culture	문화
☐	field trip	현장 학습
☐	give up	포기하다
☐	ground	땅바닥, 지면
☐	laugh at	~을 비웃다
☐	leaf	나뭇잎 (*pl.* leaves)
☐	line up	줄을 서다
☐	mind	꺼려하다, 신경 쓰다
☐	moment	순간
☐	nervous	긴장한, 불안해하는
☐	own	자신의; 소유하다
☐	pack	싸다, 포장하다
☐	receive	받다
☐	refund	환불하다
☐	remember	기억하다
☐	result	결과
☐	return	반납하다, 돌려주다
☐	shelf	선반 (*pl.* shelves)
☐	speech	연설 (통 speak)
☐	sweep	(바닥을) 쓸다, 청소하다
☐	trash	쓰레기

Spelling 주의

• 쓸 때 철자에 주의해야 하는 단어들을 미리 익혀 두세요.

☐	accident	사고, 우연
☐	honest	정직한
☐	language	언어
☐	look forward to V-ing	~하기를 고대하다
☐	success	성공 (통 succeed)
☐	suggest	제안하다

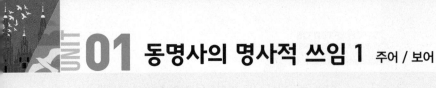

01 동명사의 명사적 쓰임 1 주어 / 보어

우리말을 |조건|에 맞게 영작하시오.

┌─ 조건 ┐
- 동명사를 사용할 것
- make, new friend를 사용할 것
- 7 단어로 쓸 것

새로운 친구를 사귀기는 쉽지 않다.

→ _____

 문장력 UP

주어 새로운 친구를 사귀기 → 단수 취급

동사 ~이다(be) → is

어순 S + V + C

 필수 문법

| 1 | 동명사는 명사처럼 <u>주어나 보어</u> 자리에 쓸 수 있어요.

주어 자리	보어 자리
<u>Reading a book</u> every day is important.	My hobby is <u>reading a book</u>.
매일 책을 읽는 것은 중요하다.	나의 취미는 책을 읽는 것이다.

* 동명사는 동사원형에 -ing를 붙인 것으로, 동사가 명사처럼 쓰여서 동명사라 해요.

| 2 | 동명사 주어는 <u>단수 취급</u>하여 동사의 현재형은 is/was, 일반동사-(e)s를 써요.

<u>Talking with her on the phone</u> <u>was</u> fun.
전화로 그녀와 이야기하는 것은 재미있었다.

<u>Listening to her long story</u> <u>makes</u> me bored.
그녀의 긴 이야기를 듣는 것은 나를 지루하게 만든다.

| 3 | 동명사의 부정은 <u>동명사 앞에 not</u>을 써요.

<u>Not</u> being honest will be the worst mistake.
정직하지 않은 것은 최악의 실수가 될 것이다.

The first step is <u>not</u> laughing at your friends.
첫 번째 단계는 너의 친구들을 비웃지 않는 것이다.

빈출 유형 해결

해설

☑ 주어인 '새로운 친구를 사귀기'는 동명사를 써서 making a new friend라고 써요. 이때 부정관사 a를 꼭 써요.

☑ 동명사 주어는 단수 취급하고 부정의 의미이므로 be동사 is와 not을 쓰고, 보어인 easy를 그 뒤에 써요.

정답 Making a new friend is not easy.

조건 영작

01 우리말을 |조건|에 맞게 영작하시오.

조건
- 동명사를 사용할 것
- cook, my parents, hobby를 사용할 것
- 7 단어로 쓸 것

나의 취미는 나의 부모님을 위해 요리하는 것이다.

→ My hobby are cook with my parents.　　(X)

 위의 오답에서 **틀린** 부분을 찾아 바르게 고쳐 주세요.

☑ 동사　　☑ 보어의 형태　　☑ 전치사

→ _____

💬 주어는 단수이며, be동사 뒤의 보어를 동명사로 써야 하는 조건이에요. '~을 위해'라고 할 때는 전치사 for를 써요.

[02~04] 우리말을 |조건|에 맞게 영작하시오.

조건
- 주어진 말을 사용할 것
- 동명사를 사용할 것
- 시제에 맞게 동사를 변형할 것

02 그 여행에 대해 생각하는 것이 나를 행복하게 했다.
(think, make, trip, about, happy)

→ _____

03 진실을 말하지 않는 것은 좋은 선택이 아니다.
(tell, be, choice, not, not, a, the truth)

→ _____

💬 동명사의 부정은 동명사 앞에 not을 써서 나타내요.

04 아침에 일찍 일어나는 것은 어렵다.
(get up, be, morning, early, the, in, hard)

→ _____

오류 수정

[05~06] 어법상 틀린 부분을 찾아 고쳐 쓰시오.

05 John suggests don't riding the subway.

_____ → _____

06 Her homework was written a novel.

_____ → _____

빈칸 쓰기

[07~08] 우리말과 일치하도록 주어진 말을 활용하여 빈칸에 알맞은 말을 쓰시오.

07 아침 식사를 거르는 것은 너의 두뇌에 좋지 않다.
(breakfast, good, skip)

→ _____ _____ _____

_____ for your brain.

08 그의 성공 비결은 다른 사람의 말을 경청하는 것이다.
(be, listen, others, to)

→ His secret of success _____ _____

_____ _____ .

대화 완성

[09~10] 대화를 읽고, 밑줄 친 우리말을 알맞게 영작하시오.

09
A: I didn't set the alarm last night.
　 That's why I got up late.
B: 알람을 맞추지 않은 것은 변명이 될 수 없어.
　 (excuse, be, can't, an)

→ _____

10
A: I plan to go camping this weekend.
B: That's why you look happy.
A: Yes! 캠핑 가는 것은 나의 가장 큰 기쁨이야.
　 (joy, greatest)

→ _____

02 동명사의 명사적 쓰임 2 목적어

빈출 유형 | 도표 영작

다음 학생들의 취미 생활을 조사한 표를 보고, 문장을 완성하시오.

Enjoy	listen to music	watch TV
Joe	✓	
Alice		✓

→ Joe _____ TV. (enjoy)

문장력 UP

주어 Joe(3인칭 단수)

동사 즐기지 않는다(현재/부정문)
→ doesn't enjoy

어순 S + V + O(V-ing)

 | 1 | 명사 역할을 하는 동명사는 주어, 보어 자리 이외에도 <u>목적어 자리</u>에 쓸 수 있어요.

[주어 자리]   Learning Chinese is hard.
중국어를 배우는 것은 어렵다.

[보어 자리]   Her hobby is learning Chinese.
그녀의 취미는 중국어를 배우는 것이다.   * is learning은 진행형이 아님에 주의

[목적어 자리]   She enjoys learning Chinese.
그녀는 중국어를 배우는 것을 즐긴다.   * enjoy의 목적어: 배우는 것

| 2 | 모든 동사가 목적어로 동명사를 쓰지는 않으므로, <u>동명사를 목적어로 쓰는 동사들</u>을 알아 두세요.

동사 + 목적어	의미	동사 + 목적어	의미
enjoy V-ing	~하기를 즐기다	give up V-ing	~하기를 포기하다
finish V-ing	~하는 것을 끝내다	quit V-ing	~하기를 그만두다
keep V-ing	~하기를 계속하다	mind V-ing	~하기를 꺼리다/신경 쓰다
avoid V-ing	~하기를 피하다	practice V-ing	~하기를 연습하다
stop V-ing	~하기를 멈추다	suggest V-ing	~하기를 제안하다

빈출 유형 해결

해설

☑ Joe와 TV가 주어진 것으로 보아, 'Joe는 TV 보기를 즐기지 않는다'라고 써야 함을 알 수 있어요.

☑ 주어가 3인칭 단수이므로 동사 enjoy의 부정은 doesn't[does not] enjoy로 써요. enjoy는 동명사 목적어를 취하므로 watching TV라고 써야 해요.

정답   doesn't[does not] enjoy watching

실전 유형으로 PRACTICE

도표 영작

01 다음 표를 보고, 주어진 말을 활용하여 문장을 완성하시오.
(현재 시제로 쓸 것)

Suggestion	Amy	Mark
	go by bus	take a taxi

→ Mark ~~is suggest to take~~ a taxi. (suggest) **(X)**

위의 오답에서 **틀린 부분**을 찾아 바르게 고쳐 주세요.

☑ 동사의 형태   ☑ 목적어

→ Mark _____ a taxi. (suggest)

주어 Mark가 3인칭 단수이므로 동사에 -s를 붙여서 써요. 동사 suggest는 동명사를 목적어로 써요.

[02~04] 다음 표를 보고, 주어진 말을 활용하여 문장을 완성하시오.

	Likes	Dislikes
James	watch TV	exercise at the gym
Mark	sing every day	play the piano
Jeff	read comic books	go out

02 James _____, (enjoy)

but he _____. (quit)

quit은 '그만두다'라는 뜻이므로 문맥상 과거형으로 써야 해요. quit의 과거형은 quit 그대로 써요.

03 Mark _____, (practice)

but he _____. (give up)

04 Jeff _____, (keep)

and he _____. (avoid)

오류 수정

[05~06] 어법상 틀린 부분을 찾아 고쳐 쓰시오.

05 She didn't mind slept on the floor.

_____ → _____

06 Yujin finished to pack her bag.

_____ → _____

단어 배열

[07~08] 우리말과 일치하도록 주어진 말을 알맞게 배열하시오.
(필요시 형태를 변형할 것)

07
나는 그 문제에 대해 계속 생각했다.
(think / keep / problem / I / about / the)

→ _____

08
그는 3년 전에 가르치는 것을 포기했다.
(give up / teach / ago / he / years / three)

→ _____

보기 영작

[09~10] 주어진 말을 활용하여 보기 와 같이 영작하시오.

보기
Your dad / enjoy / watch TV
→ Does your dad enjoy watching TV?

09 your sister / practice / dance

→ _____

10 they / keep / make noise

→ _____

03 동명사 목적어 vs. to부정사 목적어

우리말과 일치하도록 |보기|의 단어를 두 개 활용하여 영작하시오.

> 보기
> forget   remember   try   buy   call   return

너는 그 책을 반납한 것을 기억하니?

→ _____

 문장력 UP

주어 너(you)

동사 기억하다 → remember

어순 (현재/의문문)
Do + S + V + O?

| 1 | 목적어로 to부정사와 동명사 둘 다 쓸 수 있는 동사들을 알아 두세요.

I like/love/hate to sing. 나는 노래하기를 좋아한다/정말 좋아한다/싫어한다
= singing

He started/began to sing. 그는 노래하기(를) 시작했다
= singing

| 2 | 목적어로 to부정사와 동명사 둘 다 쓰지만, 그 의미가 달라지는 동사에 주의하세요.

동사	목적어	해석	의미
forget	to lock the door	문을 잠글 것을 잊다	잊고 안 잠갔다
	locking the door	문을 잠갔다는 것을 잊다	잠갔는데, 그 사실을 잊다
remember	to lock the door	문을 잠글 것을 기억하다	잠가야 한다는 걸 기억하다
	locking the door	문을 잠갔다는 것을 기억하다	잠갔고, 그 사실을 기억하다
try	to lock the door	문을 잠그려고 노력하다	잠그려고 노력하다[애쓰다]
	locking the door	한번 잠가 보았다	잠그는 걸 시도해 보다

* forget과 remember의 경우, to부정사 목적어는 미래에 할 일, 동명사 목적어는 과거에 한 일에 대한 기억을 말할 때 써요.

빈출 유형 해결

해설
☑ 주어와 동사를 현재 시제 의문문으로 쓰면 Do you remember가 돼요.
☑ '(과거에) 반납한 것을 기억하다'이므로 remember의 목적어를 동명사인 returning으로 쓰고, 그 뒤에 동명사의 목적어(그 책)인 the book을 써요.
정답 Do you remember returning the book?

실전 유형으로 PRACTICE

문장 완성

01 우리말과 일치하도록 |보기|의 단어를 두 개 활용하여 영작하시오.

|보기|
> forget remember try buy call return

너는 그에게 전화하는 걸 한번 시도해 봤니?

→ <u>Do you tried to call him?</u>　　(X)

👤 위의 오답에서 틀린 부분을 찾아 바르게 고쳐 주세요.

　　☑ 시제와 동사　　☑ 목적어의 형태

→ _____

💬 '~해 봤니?'이므로 시제는 과거이며 의문문인 Did you try로 써야 해요. 그리고 '한번 시도하다'는 〈try + 동명사〉로 써요.

[02~04] 우리말과 일치하도록 |보기|의 단어를 두 개씩 활용하여 영작하시오.

|보기|
> forget remember try buy ask put

02 그 시험에 대해서 그에게 한번 물어봐.

→ _____ about the exam.

03 나는 시장에서 당근들을 사는 걸 잊어버렸다.

→ _____ at the market.

04 나는 그 열쇠를 나의 주머니에 넣은 걸 기억한다.

→ _____ in my pocket.

단어 배열

[05~06] 우리말과 일치하도록 주어진 말을 알맞게 배열하시오.

05
> Miso는 옷에 대해 말하기를 무척 좋아한다.
> (clothes / talk / loves / about)

→ Miso _____.

06
> 가볍게 눈이 내리기 시작했다.
> (began / snow / it / lightly / to)

→ _____

빈칸 쓰기

[07~08] 우리말과 일치하도록 주어진 말을 활용하여 빈칸에 알맞은 말을 쓰시오.

07 그는 그들의 문화를 이해하기 시작했다.

(start, culture, understand, their)

→ He _____ _____ _____ _____
_____.

💬 start는 to부정사, 동명사 모두 목적어로 쓸 수 있어요. 빈칸의 개수에 유의하세요.

08 나는 방학 동안 거기에 머무는 것이 싫었다.

(stay, hate, there)

→ _____ _____ _____ _____
during the vacation.

오류 수정

[09~10] 대화를 읽고, 어법상 틀린 부분을 찾아 고쳐 쓰시오.

09
> A: Did you remember to bring my cap?
> B: Sorry. I forgot bringing it.
>   Can I return it tomorrow?

_____ → _____

10
> A: I tried to call her, but she didn't
>   answer.
> B: Maybe it's the wrong number.
>   Try to call this number.

_____ → _____

04 동명사 관용 표현

우리말과 일치하도록 주어진 말을 활용하여 문장을 완성하시오.

> 나는 그 돈을 간식을 사는 데 썼다.
> (buy, spend, snacks, the money)

→ _____

> 문장력 UP
>
> 주어 나(I)
>
> 동사 썼다(과거) → spent
>
> 어순 S+V+O

필수 문법

| 1 | 전치사 뒤에는 명사나 대명사 외에도 동명사를 쓸 수 있어요. 단, to부정사는 쓸 수 없어요.

Thank you <u>for</u> sending me a card. 내게 카드를 보내 줘서 고마워.

I'm worried <u>about</u> asking her. 나는 그녀에게 묻는 것에 대해 걱정된다.

Let's talk <u>about</u> ~~to go~~ on a trip. (X)

           going on a trip. (O) 여행 가는 것에 대해 이야기해 보자.

              └ 전치사(about)의 목적어는 to부정사가 아닌 동명사(going)로 써요.

| 2 | 동명사를 사용하는 주요 표현을 알아 두세요.

동명사 표현	의미	동명사 표현	의미
go V-ing	~하러 가다	by V-ing	~함으로써
be busy V-ing	~하느라 바쁘다	feel like V-ing	~하고 싶다
be worth V-ing	~할 가치가 있다	be good at V-ing	~하는 데 능숙하다
can't help V-ing	~하지 않을 수 없다	be interested in V-ing	~하는 데 관심 있다
spend 시간/돈 V-ing	~하는 데 시간/돈을 쓰다	look forward to V-ing	~하기를 고대하다
have a hard time V-ing	~하는 데 어려움을 겪다	How[What] about V-ing?	~하는 건 어때?

빈출 유형 해결

해설

☑ 주어, 동사, 목적어인 '나는 그 돈을 썼다'를 I spent the money로 써요.

☑ 〈spend+돈〉 뒤에 '~하는 데'를 표현하기 위해서는 buying과 같이 동명사로 써야 해요. 그 뒤에 동명사의 목적어인 snacks를 써요.

정답 I spent the money buying snacks.

[문장 완성]

[01~04] 우리말과 일치하도록 주어진 말을 활용하여 문장을 완성하시오.

01

일찍 오지 않아서 죄송합니다.
(sorry, come, for, early)

→ I was sorry for don't come early.   (X)

👤 위의 오답에서 틀린 부분을 찾아 바르게 고쳐 주세요.

☑ 시제   ☑ 전치사의 목적어   ☑ 동명사의 부정

→ _____

💬 문장의 시제는 현재이며, 전치사 for의 목적어는 동명사로 써야 하고, 동명사의 부정은 동명사 앞에 not을 붙여요.

02

그는 게임을 하느라 바쁘다.
(busy, games, play)

→ He _____.

03

나는 진실을 말하지 않을 수 없었다.
(truth, help, the, tell)

→ I _____.

💬 시제가 과거임에 유의하세요.

04

나는 그들을 다시 만나기를 고대하고 있다.
(again, look, meet, to, be)

→ I _____.

[오류 수정]

[05~06] 어법상 틀린 부분을 찾아 고쳐 쓰시오.

05 I'm interested by learn other languages.

_____ → _____

06 I'm having a hard time solved this problem.

_____ → _____

[빈칸 쓰기]

[07~08] 우리말과 일치하도록 주어진 말을 활용하여 빈칸에 알맞은 말을 쓰시오.

07 그는 사람들과 이야기하는 것을 잘하니? (good, talk)

→ _____ _____ _____ _____

_____ with people?

08 그 장소는 적어도 한 번은 방문할 가치가 있다.
(visit, worth, place)

→ _____ _____ _____ _____

_____ at least once.

[대화 완성]

[09~10] 대화를 읽고, 밑줄 친 우리말을 알맞게 영작하시오.

09

A: I'm a little thirsty.
B: Have some juice.
A: 주스를 마시고 싶지는 않아. (feel, drink)

→ _____ juice.

10

A: Let's go shopping together.
B: I'm too tired.
A: 영화를 보는 건 어때? (watch, how, a movie)

→ _____

05 분사의 형태와 명사 수식 역할

다음 두 문장을 분사를 활용하여 한 문장으로 만드시오.

> • The food smelled good.
> • It was cooked in the oven.

 문장력 UP

주어 오븐에서 요리된 그 음식

동사 냄새가 났다(과거) → smelled

어순 S + V(감각 동사) + C(형용사)

→ _____ good.

 필수 문법

| 1 | 분사는 <u>동사</u>를 형용사처럼 쓰기 위해 만든 말로 <u>현재분사</u>와 <u>과거분사</u>로 구분해요.

구분		현재분사	과거분사
형태		동사원형 + -ing	과거분사형
의미		능동 (~하는) 진행 (~하고 있는)	수동 (~당한, ~되는) 완료 (~된)
예시	동사 bore (지루하게 하다)	boring (지루하게 하는)	bored (지루해짐을 당한 → 지루한)
	동사 fall (떨어지다)	falling (떨어지는)	fallen (떨어진)

* 과거분사형의 불규칙 변화형은 p.172를 참고하세요.

| 2 | 분사는 <u>형용사</u>의 역할을 하여 <u>명사</u>를 수식해요.

[명사 앞 수식] Pick up some fallen leaves. 떨어진 낙엽을 좀 주워.
Look at the smiling bear. 미소 짓는 저 곰을 봐.

[명사 뒤 수식] Pick up some leaves fallen on the ground. 땅에 떨어진 낙엽을 좀 주워.
Look at the bear smiling at us. 우리에게 미소 짓는 저 곰을 봐.

* 동사로 만든 분사는 목적어, 부사, 전치사구를 취할 수 있고, 이때는 명사 뒤에서 수식해요.

빈출 유형 해결

해설
☑ 우선 '그 음식은 좋은 냄새가 났다'를 그대로 두고, '그 음식(the food)'을 수식하여 '오븐에서 요리된 그 음식'이라고 써야 해요.
☑ 그 음식(the food)은 요리가 된 것으로 과거분사형으로 써서 the food cooked in the oven을 주어를 써요.
☑ 그 뒤에 동사와 형용사를 그대로 써요.

정답 The food cooked in the oven smelled good.

[01~04] 다음 두 문장을 분사를 활용하여 한 문장으로 만드시오.

01

> • The woman is my aunt.
> • She is cooking for us.

→ The woman cooked for us my aunt.   (X)

👤 위의 오답에서 **틀린** 부분을 찾아 바르게 고쳐 주세요.

☑ 문장의 동사   ☑ 분사의 종류

→ _____

💬👤 The woman이 요리를 하는(능동) 것으로 현재분사(V-ing)를 써야 하며, 문장의 동사 is가 필요해요.

02

> • The girl is my sister.
> • She is saying hello to you.

→ The girl _____ .

03

> • We went into a store.
> • The store sells postcards.

→ We _____ .

💬👤 The store(그 가게)가 엽서를 파는(능동) 것이므로 현재분사를 써야 해요.

04

> • A picture caught my eye.
> • It was taken by a young artist.

→ A picture _____ .

[05~06] 어법상 **틀린** 부분을 찾아 고쳐 쓰시오.

05 Let's have some boiling potatoes.

_____ → _____

06 Read the message writing on the board.

_____ → _____

[07~08] 우리말과 일치하도록 주어진 말을 활용하여 문장을 완성하시오.

07 가방을 싸고 있는 그 사람이 Mark이다.

(bag, pack, the, person, a)

→ _____ Mark.

08 반으로 잘린 그 무를 나에게 가져다줘.

(radish, in half, cut, the)

→ Bring me _____ .

💬👤 cut이 과거분사형은 cut이에요.

[09~10] 대화를 읽고, 밑줄 친 우리말을 알맞게 영작하시오.

> A: We are here at the water park!
>   Let's go to the pool.
> B: **09** 사람들로 가득 찬 저 수영장을 봐.
>   (fill with, people, pool)
> A: Oh, no! Well, then, let's try the water
>   slide!
> B: **10** 그 물 미끄럼틀을 위해 줄을 선 사람들을 봐.
>   (line up, for, the people)
> A: Oh, no!

09 Look at _____ .

10 Look at _____ .

06 분사의 보어 역할과 감정 분사

우리말과 일치하도록 주어진 말을 활용하여 문장을 완성하시오.
(필요시 형태를 변형할 것)

> 그의 연설은 놀라웠고, 많은 사람들이 놀랐다.
> (amaze)

→ His speech _____
  and many people _____.

 문장력 UP

주어 그의 연설 / 많은 사람들

동사 놀라운 ~이었다(was) /
   놀란 ~이었다(were)

어순 S+V+C(감정 분사)

 | 1 | 분사는 형용사의 역할을 하므로 보어 자리에도 써요.

[주격 보어] She looked bored. 그녀는 지루해 보였다.
         └→ ⟨감각 동사＋주격 보어(형용사)⟩

[목적격 보어] I saw the leaves falling. 나는 그 낙엽들이 떨어지는 것을 봤다.
         └→ ⟨지각 동사＋목적어＋목적격 보어(형용사)⟩

| 2 | 감정을 나타내는 동사는 분사의 형태로 많이 쓰는데, 이때 능동, 수동 관계에 주의해야 해요.

구분	현재분사	과거분사
	수식/서술하는 명사가 감정을 일으킴	수식/서술하는 명사가 감정을 느낌
동사 bore (지루하게 하다)	The movie was boring. 그 영화는 지루했다.	She was bored. 그녀는 지루했다.
동사 surprise (놀라게 하다)	It was surprising news. 그것은 놀라운 소식이었다.	Surprised people ran out. 놀란 사람들이 뛰쳐나갔다.

• 그 외의 감정을 나타내는 분사들을 기억해 두세요.

exciting 신나게 하는 / excited 신이 난	satisfying 만족스러운 / satisfied 만족한
interesting 흥미를 주는 / interested 흥미를 느낀	amazing 놀라운, 감탄스러운 / amazed 놀란, 감탄한
shocking 충격적인 / shocked 충격받은	disappointing 실망스러운 / disappointed 실망한

빈출 유형 해결

해설
- ☑ 그의 연설(3인칭 단수 주어)이 '놀라게 하는 감정을 일으킨' 것이므로 현재분사(amazing)로 써요.
- ☑ 사람들(복수 주어)은 '감정을 느낀' 것이므로 과거분사(amazed)로 써야 하며, 시제는 모두 과거로 써요.

정답 was amazing, were amazed

문장 완성

[01~04] 우리말과 일치하도록 주어진 말을 활용하여 문장을 완성하시오. (필요시 형태를 변형할 것)

01

> 만족스러운 결과를 얻어서, 그는 만족했다.
> (get, a result, satisfy)

→ He _____got a satisfied result_____ so he was satisfied. **(X)**

위의 오답에서 틀린 부분을 찾아 바르게 고쳐 주세요.

☑ 감정 분사

→ He _____ so he was satisfied.

result(결과)는 만족스러운 감정을 일으키고(현재분사), he(그)는 만족스러운 감정을 느꼈어요(과거분사).

02

> 그녀의 행동은 충격적이었다.
> (shock, behavior)

→ _____

03

> 그녀는 매우 실망스럽게 느꼈다.
> (disappoint, feel, very)

→ _____

feel 뒤에 형용사 보어를 쓰면 '~하게 느끼다'라는 의미가 돼요.

04

> 그 아이는 매우 신나 보였다.
> (excite, look, child, very)

→ _____

오류 수정

[05~06] 어법상 틀린 부분을 찾아 고쳐 쓰시오.

05 His new movie was bored.

_____ → _____

06 Many fans were disappointing.

_____ → _____

도표 영작

[07~08] 다음 표를 보고, 보기 와 같이 문장을 완성하시오.

I ...	It was ...	
saw an accident	surprising	놀라운
got an offer	interesting	흥미로운
met a person	amazing	놀라운

보기
I was surprised at a surprising accident.
(surprise)

07 I _____ in _____ offer. (interest)

08 I _____ by _____ person. (amaze)

대화 완성

[09~10] 대화를 읽고, 밑줄 친 우리말을 알맞게 영작하시오.

> A: How was your field trip?
> B: **09** 그것은 실망스러웠어요. (disappoint)
> A: Didn't you go to the zoo?
> B: We did. But most of the animals were sleeping. **10** 모두가 실망했어요.
> A: Oh, that's too bad.

09 It _____.

10 Everyone _____.

중간고사·기말고사 실전문제

[01~05] 어법상 **틀린** 부분을 찾아 고쳐 쓰시오.

01 Playing basketball in the hot sun are tiring.

_____ → _____

02 Ethan is angry about receiving not a refund.

_____ → _____

03 My husband suggested to sell our house.

_____ → _____

04 Emily doesn't remember to give her umbrella to me yesterday.

_____ → _____

05 I have one child naming Joshua.

_____ → _____

[06~10] 우리말과 일치하도록 주어진 말을 알맞게 배열하시오.
(동명사 또는 분사를 쓸 것)

06 나무에 체인으로 묶인 그 자전거는 Peter의 것이다.
(is / to the tree / Peter's / the bicycle / chain)

→ _____

07 그의 가장 좋아하는 활동은 콘서트에 가는 것이다.
(favorite / a concert / activity / to / is / his / go)

→ _____

08 나는 지금 Jina에게 전화하고 싶은 기분이 아니다.
(don't / now / I / call / feel / Jina / like)

→ _____

09 나는 해돋이를 보는 것을 즐긴다.
(watch / enjoy / the / sunrise / I)

→ _____

10 이발하는 데 20분이 걸린다.
(takes / 20 minutes / get a haircut)

→ _____

[11~15] 우리말과 일치하도록 주어진 말을 활용하여 빈칸에
알맞은 말을 쓰시오. (동명사 또는 분사를 쓸 것)

11
나는 그 숙제하는 것을 잊었다.
(forgot, do, the homework)

→ _____ _____ _____ _____

_____ _____ .

12
둥지를 짓는 새가 그 나무에 있다.
(a bird, build, a nest)

→ There is _____ _____ _____

_____ _____ in the tree.

13

> 영어로 말하는 것은 어렵다.
> (speak, hard, in English)

→ _____ _____ _____ _____

_____.

14

> 그 차를 운전하는 남자는 나의 사촌이다.
> (the car, the man, drive)

→ _____ _____ _____ _____

_____ _____. my cousin.

15

> 나는 그를 그 버스 정류장에서 보게 되어
> 놀랐다. (surprise, to see, be)

→ _____ _____ _____ _____

_____ _____. at the bus stop.

문장완성
[16~20] 우리말과 일치하도록 주어진 말을 활용하여 문장을 완성하시오. (동명사 또는 분사를 쓸 것)

16 그들은 그 탑 짓기를 포기했다.

(gave up, build, the tower)

→ _____

17 내 시험 결과들은 실망스럽다.

(exam results, disappoint, be)

→ _____

18 나와 함께 수영하러 가는 건 어때?

(how, go swimming, with)

→ _____

19 그는 그 소식을 듣게 되어 흥분했다.

(excite, the news, to hear)

→ _____

20 나는 역사에 흥미를 느낀다. (interest, in, history)

→ _____

대화완성
[21~25] 대화를 읽고, 보기의 괄호 안에서 각각 알맞은 말을 선택하여 밑줄 친 우리말을 영작하시오.

보기
(broken / breaking)   (to learn / learning)
(to win / winning)   (to walk / walking)
(to be nervous / being nervous)

21

> A: Nora, were you nervous at the
>   interview?
> B: Oh, yes. 난 그 면접에서 긴장한 걸 아직도
>   기억해. (remember)

→ I still _____ at the

interview.

22

> A: Is there a moment you can never
>   forget?
> B: 나는 그 마라톤에서 승리한 걸 잊을 수 없어.
>   (forget, the marathon)

→ I can't _____.

23

> A: Can you speak any other languages?
> B: 나는 이탈리아어를 배우려고 노력하고 있어.
>   (Italian)

→ I'm trying _____.

24

A: 왜 갑자기 걷기를 멈췄어? (why, did, stop)

B: I stopped to call Dave.

→ _____ all of a sudden?

25

A: My TV screen went black with no sound!

B: Don't worry. 내가 네 고장 난 TV를 수리해 줄 수 있어. (can, repair, TV)

→ _____

[26~27] 우리말과 일치하도록 주어진 말을 알맞게 배열하여 대화를 완성하시오. (필요시 형태를 변형할 것)

26

A: You shouldn't eat more of this cake.

B: 나는 한 조각 더 먹지 않을 수 없어.

(can't / another piece / help / have / I)

→ _____

27

A: Did you contact him?

B: 시도는 했는데, 그가 내 메시지에 답하기를 피했어.

(respond / he / avoid / messages / to my)

→ I tried, but _____.

조건 영작
[28~30] 우리말을 │조건│에 맞게 영작하시오.

28

┤조건├
• 6 단어로 쓸 것
• clean up, finished를 사용할 것

나는 그 방을 청소하는 것을 마쳤다.

→ _____

29

┤조건├
• 7 단어로 쓸 것
• worry about, daughter, stop을 사용할 것

나는 내 딸에 대해 걱정하는 것을 멈출 수 없다.

→ _____

30

┤조건├
• 6 단어를 추가해서 쓸 것
• eat, without, keeps, ask를 사용할 것

그녀는 물어보지도 않고 내 음식을 계속 먹는다.

→ She _____.

한 문장으로 쓰기
[31~35] 다음 두 문장을 │보기│와 같이 분사를 활용하여 한 문장으로 만드시오.

┤보기├
• The man is calling us.
• He is my uncle.
→ The man calling us is my uncle.

31

• I found a squirrel.
• It was eating nuts.

→ _____

32

• The child was hit by a bike.
• He wasn't hurt.

→ _____

33

• The woman was getting off the bus.
• She thanked the driver.

→ _____

34
· The boy is sitting across from me.
· He looks bored.

→ _____

35
· The ring was stolen last month.
· It was never found.

→ _____

오류 수정

[36~37] 다음 밑줄 친 부분을 분사를 활용하여 바르게 고쳐 쓰시오.

36

Happy Mother's Day!
You always make me feel ⓐ love. You
are just ⓑ amaze! Thank you for
everything you do for me.

ⓐ _____ ⓑ _____

37

I'm ⓐ excite to finally have my own
room. I will put shelves ⓑ fill with my
favorite books in this room.

ⓐ _____ ⓑ _____

그림 영작

38 다음 그림을 보고, 주어진 말을 활용하여 문장을 완성하시오.

→ The man _____.

(a ticket, tall, very, buy)

도표 영작

39 다음 Minji와 Yongsu가 끝낸 일에 대한 표를 보고, 문장을 완성하시오.

Minji	Done	Yongsu	Done
pick up trash	✓	make the bed	
sweep the floor		feed the dog	✓

(1) Minji should remember _____

_____.

(2) Minji remembers _____

two hours ago.

(3) Yongsu should not forget _____

_____.

(4) Yongsu forgets _____,

so he feeds it again.

오류 수정 – 고난도

40 대화를 읽고, 밑줄 친 ⓐ~ⓔ 중 어법상 틀린 부분 3개를 찾아 고쳐 쓰시오.

A: I love Mr. Kim's class. I'm already
looking forward to ⓐ attend the next
class.
B: I agree that he is good at ⓑ to teach,
but it's a two-hour class and I don't
want ⓒ to sit for too long.
A: Well, you can't help ⓓ going to his
class. So why don't you try to like the
class?
B: I know. Actually, I was at the library.
I spent three hours ⓔ study the
notes from the class.

	기호	틀린 부분	고친 내용
(1)			
(2)			
(3)			

CHAPTER

[06]

형용사, 부사, 대명사

Unit 01 형용사의 역할

Unit 02 수량 형용사

Unit 03 빈도 부사

Unit 04 부정 대명사 / 부정 형용사 1 – one / another / the other

Unit 05 부정 대명사 / 부정 형용사 2 – all / each / every / both 등

Unit 06 재귀 대명사

🐣 **CHAPTER 06**
WORD LIST

• 이번 챕터에서 나올 어휘들을 미리 확인해 보세요.

☐	among	∼ 사이에
☐	at least	적어도
☐	available	이용할 수 있는, 사용 가능한
☐	blame	비난하다
☐	boring	지루하게 하는
☐	careful	조심하는, 주의 깊은
☐	collection	수집(품)
☐	disagree	동의하지 않다
☐	error	잘못, 실수
☐	exercise	운동(하다)
☐	forgive	용서하다
☐	furniture	가구
☐	gain weight	체중이 늘다
☐	greet	인사하다, 맞이하다
☐	guest	손님
☐	imagine	상상하다
☐	parents	부모님 (주로 복수형)
☐	practice	연습하다
☐	rotten	썩은, 부패한
☐	seem	∼하게 보이다
☐	stolen	도난당한 (steal의 과거분사)
☐	trouble	문제
☐	understand	이해하다
☐	useful	유용한
☐	wrong	틀린, 잘못된

Spelling 주의

• 쓸 때 철자에 주의해야 하는 단어들을 미리 익혀 두세요.

☐	empty	텅 빈
☐	museum	박물관, 미술관
☐	opportunity	기회
☐	refrigerator	냉장고
☐	vegetable	채소
☐	vehicle	차량

01 형용사의 역할

우리말과 일치하도록 주어진 말을 알맞게 배열하시오.

> 나는 뜨거운 것을 마시지 않을 것이다.
> (hot / drink / will / anything / not / I)

→ _____

문장력 UP

주어 나(I)

동사 마시지 않을 것이다(미래/부정)
→ will not drink

어순 S + V + O

필수 문법

| 1 | 형용사는 주격 보어나 목적격 보어 자리에 써요.

[주격 보어] They are kind. 그들은 친절하다. (they = kind) * 2형식
She seemed angry. 그녀는 화가 나 보였다. (she = angry) * 2형식

[목적격 보어] I found them kind. 나는 그들이 친절하다고 알게 되었다. (them = kind) * 5형식
He made us angry. 그는 우리를 화나게 했다. (us = angry) * 5형식

| 2 | 형용사는 명사 바로 앞에서 명사를 꾸며 주는 역할도 해요.

(관사/소유격 +) 형용사 + 명사			
a	small	apple	하나의 작은 사과
an	interesting	movie	한 편의 재미있는 영화
your	blue	jacket	너의 파란 재킷
the	difficult	books	그 어려운 책들
–	two	chairs	두 개의 의자들

* 명사 앞에 형용사가 있을 때, 부정관사는 명사가 아닌 형용사의 첫 음에 맞춰서 a, an을 써요.
* 부사가 형용사 앞에서 형용사를 수식하기도 해요. (예: a very small dog 한 마리의 매우 작은 개)

| 3 | -thing, -one[-body]으로 끝나는 명사는 형용사를 뒤에 써야 해요.

~~delicious~~ something (X)
something delicious (O) 맛있는 무언가[어떤 것]
someone[somebody] tall 키가 큰 누군가[어떤 사람]

빈출 유형 해결

해설

☑ 동사는 '마시지 않을 것이다'로 미래 부정이므로 I will not drink로 써요.
☑ 목적어는 '뜨거운 것'이며, 부정문에 쓰는 anything은 hot(형용사)이 뒤에서 수식해요.

정답 I will not drink anything hot.

정답과 해설 • 14쪽

[단어 배열]
[01~04] 우리말과 일치하도록 주어진 말을 알맞게 배열하시오.

01
> 아이들을 위한 유용한 무언가가 있나요?
> (is / useful / for / there / children / anything)

→ Useful anything is there for children?　　(X)

👤 위의 오답에서 **틀린** 부분을 찾아 바르게 고쳐 주세요.

　☑ there be 의문문 어순　　☑ -thing 수식 형용사의 어순

→ _____

💬 There is의 의문문은 Is there로 쓰고 그 뒤에 주어(유용한 무언가)를 써요. -thing으로 끝나는 명사는 형용사가 뒤에서 수식해요.

02
> 차가운 무언가가 있나요?
> (have / cold / you / anything / do)

→ _____

03
> 세상에 쉬운 것은 하나도 없다.
> (world / nothing / the / is / in / easy / there)

→ _____

04
> 내가 너의 노란 우산을 빌릴 수 있을까?
> (your / can / borrow / umbreiia / i / yellow)

→ _____

💬 〈관사/소유격 + 형용사 + 명사〉 순으로 써요.

[오류 수정]
[05~06] 어법상 틀린 부분을 찾아 고쳐 쓰시오.

05 We showed him funny something.

_____ → _____

06 Mr. Kim is not a easy person to talk to.

_____ → _____

[빈칸 쓰기]
[07~08] 우리말과 일치하도록 주어진 말을 활용하여 빈칸에 알맞은 말을 쓰시오. (필요시 형태를 변형할 것)

07 나는 매우 재미있는 영화를 봤다.
　　(see, movie, interesting, very)

→ I _____ _____ _____ _____

_____.

08 냉장고에 맛있는 것이 하나도 없다.
　　(delicious, there, nothing)

→ _____ _____ _____ _____ in

the refrigerator.

[대화 완성]
[09~10] 대화를 읽고, 밑줄 친 우리말을 알맞게 영작하시오.

09
> A: You couldn't find anything?
> B: 유용한 것이 하나도 없었어.
> 　　(there, available, nothing)

→ _____

10
> A: How was she?
> B: 그녀는 매우 친절해 보였어.
> 　　(seem, kind, very)

→ _____

UNIT 02 수량 형용사

대화를 읽고, 밑줄 친 우리말을 알맞게 영작하시오.

> A: Should we buy cooking oil?
> B: <u>나는 조금의 식용유도 쓰지 않을 예정이야.</u> (use, be)

→ _____

 문장력 UP

주어 나(I)

동사 쓰지 않을 예정이다 (미래 예정/부정)
→ be not going to use

어순 S + V + O

|1| 명사의 수와 양을 나타내는 형용사인 <u>수량 형용사</u>를 기억해 두세요.

의미	수량 형용사	명사	예시	특징
많은	many	셀 수 O	I have many books.	
	much	셀 수 X	I don't have much time.	주로 부정문에서 씀
조금/약간 있는	a few	셀 수 O	I have a few books.	
	a little	셀 수 X	I have a little time.	
거의 없는	few	셀 수 O	I have few books.	부정적 의미
	little	셀 수 X	I have little time.	부정적 의미

|2| a lot of(많은)는 명사에 상관없이 쓰며, <u>many나 much</u>로 바꿔 쓸 수 있어요.

There are a lot of <u>books</u>. = There are many <u>books</u>.
There isn't a lot of <u>time</u>. = There isn't much <u>time</u>. * 단수 취급

|3| some과 any(조금, 약간)는 셀 수 있는 명사와 셀 수 없는 명사 앞에 모두 올 수 있어요.

There are some <u>books</u>.　　There is some <u>time</u>.　　* 주로 긍정문에 some
There aren't any <u>books</u>.　　There isn't any <u>time</u>.　　* 부정문/의문문에 any
Are there any <u>books</u>?　　Is there any <u>time</u>?

- '~ 좀 줄래요?'와 같이 상대방에게 부탁하는 의문문에서는 some을 쓸 수 있어요.
  Would you give me some ice? 제게 얼음 좀 줄래요?
  Can I have some water? 물 좀 먹을 수 있나요? (물 좀 줄래요?)

빈출 유형 해결

해설
☑ 우선, 동사는 미래 예정의 〈be going to + use(동사원형)〉를 이용하여, 부정문인 I am not going to use로 써요.
☑ 목적어 '조금의 식용유도'는 any cooking oil로 써요.

정답 I am not going to use any cooking oil.

대화 완성
[01~04] 대화를 읽고, 밑줄 친 우리말을 알맞게 영작하시오.

01

> A: Can I get some milk, please?
> B: <u>냉장고에 우유가 거의 없어.</u>
> (there, in, be)

→ <u>There are not few milk</u> in the refrigerator.**(X)**

🧑 위의 오답에서 틀린 부분을 찾아 바르게 고쳐 주세요.

☑ There be   ☑ 명사에 맞는 수량 형용사

→ _____ in the refrigerator.

💬 셀 수 없는 명사(milk)는 단수 취급하여 there is로 쓰며, '거의 없는 우유'도 few가 아닌 little을 써야 해요.

02

> A: Do you have any paper?
> B: <u>그 책상 위에 종이가 좀 있어.</u>
> (there, some)

→ _____ on the desk.

03

> A: Do we have money to buy that?
> B: No. <u>우리는 돈이 많지 않아.</u> (not)

→ We _____.

💬 돈(money)은 셀 수 없는 명사이므로 '많은'은 두 가지 형태로 쓸 수 있어요.

04

> A: Are there any letters in the post box?
> B: <u>거기에 편지 몇 통이 있어요.</u> (few, there)

→ _____ in there.

오류 수정
[05~06] 우리말을 영어로 옮길 때, 어법상 틀린 부분을 찾아 고쳐 쓰시오.

05 우리는 시간이 조금도 없다.

→ We don't have some time.

_____ → _____

06 그 병에 소금이 거의 없다.

→ There is few salt in the bottle.

_____ → _____

빈칸 쓰기
[07~08] 우리말과 일치하도록 주어진 말을 활용하여 빈칸에 알맞은 말을 쓰시오.

07 너의 글에 오류가 많다. (there, error)

→ _____ _____ _____ _____ _____ _____ in your writing.

08 그 병에 물이 좀 있다. (there, water)

→ _____ _____ _____ _____ in the bottle.

도표 영작
[09~10] 다음 Paul의 식사를 분석한 표를 보고, 빈칸에 알맞은 말을 쓰시오. (단, much, a lot of를 한 번씩만 사용할 것)

Vegetables	0%	Fruit	5%
Fish	5%	Snacks	30%
Meat	40%	Soda	20%

> Paul is gaining weight these days. He has **09** _____ meat, snacks, and soda. But he doesn't have any vegetables. And he doesn't have **10** _____ fruit and fish.

💬 셀 수 없는 명사와 셀 수 있는 명사를 모두 수식하기 위해서는 a lot of를 써야 해요.

03 빈도 부사

다음 표를 보고, 빈도 부사를 활용하여 대화를 완성하시오.

Activities	Sun	Mon	Tue	Wed	Thu	Fri	Sat
play games	✓	✓	✓	✓	✓	✓	✓
study math		✓					

A: How often does he study math?

B: _____

 문장력 UP

주어 그(he) → 3인칭 단수

동사 공부한다 → studies

어순 S + 빈도 부사 + V(일반동사) + O

 필수 문법

| 1 | 부사는 문장의 끝에서 동사를 수식하거나, 바로 앞에서 형용사나 다른 부사를 수식해요.

Jane finished her homework <u>fast</u>. Jane은 그녀의 숙제를 빨리 끝냈다. * 동사 수식 ('빨리' 끝냈다)

Jane finished her homework <u>very</u> <u>fast</u>. Jane은 그녀의 숙제를 매우 빨리 끝냈다. * 다른 부사 수식 ('매우' 빨리)

Jane is <u>really</u> <u>smart</u>. Jane은 정말 똑똑하다. * 형용사 수식 ('정말' 똑똑한)

| 2 | '얼마나 자주'하는지를 설명하는 빈도 부사를 알아 두세요.

빈도	의미	빈도 부사
100%	항상	always
80~90%	주로/보통/대개	usually
60~70%	종종, 자주	often
30~40%	가끔	sometimes
10%	거의 ~ 않다	hardly/seldom/rarely
0%	전혀[절대] ~ 않다	never

| 3 | 빈도 부사는 일반동사 앞, be동사 뒤, 조동사 뒤에 써요.

[일반동사 앞] I often <u>visit</u> my uncle in Incheon. 나는 종종 인천에 계시는 나의 삼촌을 방문한다.

[be동사 뒤] She <u>is</u> hardly home. 그녀는 거의 집에 있지 않다.

[조동사 뒤] You <u>can</u> sometimes be wrong. 너는 가끔 틀릴 수 있다.

빈출 유형 해결

해설

☑ 주어가 3인칭 단수이므로 He studies로 쓰고, 뒤에 목적어 math를 써요.

☑ 표에 따르면, 수학 공부는 1주일에 1번이므로 '거의 하지 않는다'를 의미하는 hardly/seldom/rarely 중 하나를 써요.

☑ 빈도 부사는 일반동사 앞, be동사 뒤, 조동사 뒤에 위치시켜요.

정답 He hardly[seldom, rarely] studies math.

01 다음 표를 보고, 빈도 부사를 활용하여 대화를 완성하시오.

Schedule	Sun	Mon	Tue	Wed	Thu	Fri	Sat
busy		✓	✓	✓	✓	✓	
free	✓						

> A: How busy was she last week?
> B: She was busy sometimes last week. (X)

🧑‍🏫 위의 오답에서 틀린 부분을 찾아 바르게 고쳐 주세요.

☑ 빈도 부사　　☑ 빈도 부사의 위치

→ _____

💬🧑 토요일과 일요일을 제외하고 바쁘므로, '보통, 대개'라는 뜻의 빈도 부사를 쓰는 것이 적절하며, be동사 뒤에 위치해요.

[02~04] 다음 Tom의 활동에 대한 표를 보고, 빈도 부사를 활용하여 대화를 완성하시오.

Activities	0%	10%	40%	60%	90%	100%
eat junk food		✓				
be sick	✓					
study English					✓	
exercise			✓			

02
> A: How often does he eat junk food?
> B: _____

03
> A: How often is he sick?
> B: _____

04
> A: How often can he exercise with us?
> B: _____

[05~06] 어법상 틀린 부분을 찾아 고쳐 쓰시오.

05 John will be hardly with us.

_____ → _____

💬🧑 빈도 부사는 조동사 뒤에 써요.

06 She never have a problem with us.

_____ → _____

[07~08] 우리말과 일치하도록 주어진 말을 알맞게 배열하시오.
(필요시 형태를 변형할 것)

07
> 그는 중국어를 거의 이해할 수 없다.
> (Chinese / understand / hardly / he / can)

→ _____

08
> 그녀는 너를 절대 용서하지 않을 것이다.
> (you / never / she / forgive / will)

→ _____

[09~10] 우리말과 일치하도록 주어진 말과 빈도 부사를 활용하여 문장을 완성하시오.

09 나는 항상 너와 함께 있을 것이다. (with, be)

→ I _____ .

10 Sally는 그날을 절대 잊을 수가 없다.
(the day, forget, can)

→ Sally _____ .

04 부정 대명사 / 부정 형용사 1 one / another / the other

다음 글을 읽고, 밑줄 친 우리말을 영작하시오.

> There are many people on the street. Some are Koreans. But 나머지들은 다른 나라들에서 왔어.
>
> (be, others, from, countries)

문장력 UP

주어 나머지들(복수)

동사 ~에서 왔다 → are from

어순 S + V + from 명사

→ _____

 | 1 | 정해진 범위(2개, 3개) 내에서 하나씩 가리킬 때 one, another, the other를 써요.

구분	부정 대명사	의미	수	예문
2개 중	one	하나	단수	One is red. 하나는 빨간색이다.
	the other	나머지 하나		The other is blue. 나머지 하나는 파란색이다.
3개 중	one	하나		One is red. 하나는 빨간색이다.
	another	또 다른 하나		Another is blue. 또 다른 하나는 파란색이다.
	the other	나머지 하나		The other is yellow. 나머지 하나는 노란색이다.

* one은 '앞서 말한 것과 같은 종류의 것 하나'를 말할 때도 써요.
  I need a computer. I will buy one. 나는 컴퓨터가 필요하다. 하나 살 것이다. * '그것(it)' (X)

| 2 | 여러 개가 있는 상황에서 쓸 수 있는 부정 대명사를 알아 두세요.

구분	부정 대명사	의미	수	예문
여러 개 중	some	몇몇	복수	Some are red. 몇몇은 빨간색이다.
	others	다른 몇몇		Others are blue. 다른 몇몇은 파란색이다.
	the others	나머지 모두		The others are yellow. 나머지 모두는 노란색이다.

| 3 | (the) others를 제외한 부정 대명사는 부정 형용사로도 쓸 수 있어요.

One bag is red.   The other bag is yellow.
Another bag is blue.   Some bags are red.

· others와 the others는 형용사로 쓸 수 없어요.
  others = other bags   The others = The other bags

빈출 유형 해결

해설
☑ '나머지들'은 the others로 쓰고, '다른 나라들'은 other countries로 써요.
☑ 주어가 복수이므로 be from을 이용해서 The others are from으로 쓰고, from 뒤에 나라(countries)를 써요.
정답 The others are from other countries.

📖 실전 유형으로 PRACTICE

[01~04] 다음 글을 읽고, 밑줄 친 우리말을 영작하시오.

01

> There are three ways to get there. One takes 3 hours. Another takes 2 hours. And 나머지 하나는 1시간이 걸려.

→ other takes one hours _____ (X)

👤 위의 오답에서 틀린 부분을 찾아 바르게 고쳐 주세요.

☑ 부정 대명사   ☑ 명사의 수

→ _____

💬 '나머지 하나'는 정해진 것 하나로 정관사 the를 붙여서 쓰며, '한 시간'은 hour를 단수로 써야 해요.

02

> We need at least two people. (1) 한 사람은 is to greet guests, and (2) 나머지 한 사람은 is to guide them to their seats.

→ (1) _____ (2) _____

03

> I don't know what to do. (1) 몇 명은 agreed to go without him. But (2) 다른 몇 명은 disagreed.

→ (1) _____ (2) _____

04

> You and Minhee didn't like the design. But 나머지 모두는 in the class liked it.

→ _____

[05~06] 어법상 틀린 부분을 찾아 고쳐 쓰시오.

05 I have two uncles. One is a doctor. Another is a pilot.

_____ → _____

06 Ten donuts are gone. I only had two, but my brother ate the other.

_____ → _____

[07~08] 다음 보기의 말을 활용하여 빈칸에 알맞은 말을 쓰시오. (단, 중복되지 않게 각각 다른 단어로 쓸 것)

보기

one	another	some
others	the other	the others

07

> I got 3 calls from my friends. _____ was from Jiwoo. _____ was from Taemin. And _____ _____ was from Yumi.

08

> I read 20 books during the vacation. _____ of them were very interesting. _____ were just okay. And _____ _____ were really boring.

[09~10] 대화를 읽고, 밑줄 친 우리말을 알맞게 영작하시오.

> A: I bought a box of apples. There were about 30 apples.
> B: That should be enough for everyone.
> A: But we have a problem. Some apples are okay. But **09** 다른 몇몇 사과들은 are too small. And **10** 나머지 사과들은 are rotten.

09 _____

10 _____

05 부정 대명사 / 부정 형용사 2 all / each / every / both 등

 빈출 유형 **문장 완성**

우리말과 일치하도록 주어진 말을 활용하여 문장을 완성하시오.

> 회원들 각각은 배트를 사야 한다.
> (have, a bat, the member, to, of, buy)

→ _____

문장력 UP

주어 회원들 각각(each) → 단수 취급

동사 조동사 + 동사원형 → has to buy

어순 S + V + O

필수 문법 | **1** | one, each, every의 의미와 쓰임의 차이를 알아 두세요.

구분	의미	부정 대명사	부정 형용사
one	하나(의)	one of 복수 명사 ~들 중 하나	one 단수 명사 하나의 ~
each	(하나하나) 각각(의)	each of 복수 명사 ~들의 각각 (하나하나)	each 단수 명사 (하나하나) 각각의 ~
every	매, 다, 모든	X	every 단수 명사 모든 ~

* of 뒤의 명사가 복수형인 경우에도 one, each, every는 모두 <u>단수 취급</u>하는 것에 주의하세요.

| **2** | 기타 다양한 부정 대명사와 부정 형용사의 쓰임을 알아 두세요.

구분	의미	부정 대명사	부정 형용사
all	전부, 모두; 모든	all of 복수 명사/셀 수 없는 명사 ~(들)의 전부[모두]	all 복수 명사/셀 수 없는 명사 모든 ~
most	대부분; 대부분의	most of 복수 명사/셀 수 없는 명사 ~(들) 중 대부분	most 복수 명사/셀 수 없는 명사 대부분의 ~(들)
some	몇몇; 몇몇의	some of 복수 명사/셀 수 없는 명사 ~(들)의 몇몇[일부]	some 복수 명사/셀 수 없는 명사 몇몇[일부]의 ~(들)
both	둘 다; 둘 다의	both of 복수 명사 ~들 둘 다	both 복수 명사 둘 다의 ~들
many	많은 수; 많은	many of 복수 명사 ~들 중 많은 수	many 복수 명사 많은 (수의) ~들

빈출 유형 해결

해설

☑ 주어 '각각'은 each of로 표현하고, the member는 복수형으로 써서 Each of the members가 되며 단수 취급해요.

☑ 동사는 주어에 맞춰 has to buy로 쓰고, 목적어 a bat를 마지막에 써요.

정답 Each of the members has to buy a bat.

`문장완성`

[01~04] 우리말과 일치하도록 주어진 말을 활용하여 문장을 완성하시오.

01

> 인생에서의 매 순간은 중요하다.
> (in life, important, be, moment)

→ <u>Each moments in life are important.</u>　(X)

👤 위의 오답에서 **틀린** 부분을 찾아 바르게 고쳐 주세요.

　　☑ 부정 대명사[형용사]　　☑ 동사와 명사의 수일치

→ _____

💬👤 '매 순간'은 '각각의 순간(each moment)'이 아닌 every moment 로 표현하며 every ~는 단수 취급하여 동사는 is로 써요.

02

> 그 사람들 대부분은 나에게 동의했다.
> (agree, the people, of, with)

→ _____

03

> 그 돈의 일부는 도난당했다.
> (money, of, be, stolen, the)

→ _____

💬👤 〈some[most, all] of + 셀 수 <u>없는</u> 명사〉는 단수 취급해요.

04

> 매일 아침은 새로운 기회이다.
> (opportunity, morning, new, a)

→ _____

`오류수정`

[05~06] 어법상 틀린 부분을 찾아 고쳐 쓰시오.

05 Most student knows her.

　_____ → _____

06 All of the furniture were old.

　_____ → _____

`빈칸쓰기`

[07~08] 우리말과 일치하도록 주어진 말을 활용하여 빈칸에 알맞은 말을 쓰시오.

07 나의 부모님 두 분 다 바쁘시다. (be, parents)

→ _____ _____ _____ _____

　busy.

08 그들 중 다수는 그 선생님을 좋아한다.
　　(like, them, of)

→ _____ _____ _____ _____

　the teacher.

`단어배열`

[09~10] 우리말과 일치하도록 주어진 말을 알맞게 배열하시오.
　　(필요시 형태를 변형할 것)

09

> 그 책들 중 한 권은 내 것이다.
> (of / mine / the / is / one / book)

→ _____

10

> 그 수업들 각각은 1시간이 걸린다.
> (of / hour / take / an / the / each / class)

→ _____

06 재귀 대명사

빈출 유형 | 대화 완성

대화를 읽고, 밑줄 친 우리말을 알맞게 영작하시오.

> A: You are so noisy!
> B: What do you mean?
> A: 혼잣말하는 것을 멈춰! (to, stop, talk)

문장력 UP

주어 주어 없음(명령문)

동사 멈춰(stop)

어순 V + O(V-ing) + 동명사의 목적어

→ _____

| 1 | '나 자신', '너 자신'과 같이 <u>누구누구 자신</u>'이라는 뜻의 <u>재귀 대명사</u>를 알아 두세요.

수	주격 인칭 대명사	재귀 대명사	수	주격 인칭 대명사	재귀 대명사
단수	I	myself	복수	we	ourselves
	you	yourself			
	he	himself		you	yourselves
	she	herself			
	it	itself		they	themselves

* 재귀 대명사는 인칭 대명사의 〈소유격 또는 목적격 + -self〉의 형태예요.

| 2 | 재귀 대명사는 <u>주어와 목적어가 같을 때</u>나 '<u>직접 하다</u>'의 의미를 강조할 때 써요.

[주어 = 목적어] <u>She</u> introduced <u>herself</u>. 그녀는 자신을 소개했다.

[강조 → 직접하다] <u>She</u> made it <u>herself</u>. 그녀는 그것을 직접 만들었다.
  └→ 강조의 의미(직접)로 쓰인 말로, 생략 가능해요.

| 3 | 재귀 대명사를 이용한 빈출 표현을 알아 두세요.

by oneself	혼자서, 홀로(alone)	enjoy oneself	즐거운 시간을 보내다
for oneself	자기 힘으로, 스스로	help oneself (to)	(~을) 마음껏 먹다
teach oneself	독학하다	talk to oneself	혼잣말하다

빈출
유형
해결

해설

☑ 명령문이므로 동사원형 Stop으로 문장을 시작해요. stop은 목적어로 동명사를 취하므로 뒤에 talking을 써야 해요.

☑ '스스로에게'를 〈to + 재귀 대명사〉로 표현하며, 여기서 '스스로'는 yourself가 돼요.

정답 Stop talking to yourself!

대화완성
[01~04] 대화를 읽고, 밑줄 친 우리말을 알맞게 영작하시오.

01
> A: You're so good at Chinese.
>   How did you learn it?
> B: 나는 중국어를 독학했어. (teach)

→ <u>I teach me Chinese.</u>   (X)

 위의 오답에서 **틀린** 부분을 찾아 바르게 고쳐 주세요.

☑ 시제   ☑ 재귀 대명사

→ _____

💬🧑 시제는 과거이므로 동사를 taught라고 쓰며, 스스로에게 가르친 것이므로 taught myself로 써요.

02
> A: There are many things to eat!
> B: 내가 혼자서 다 요리했어.
>   (cook, all, by)

→ _____

03
> A: Help me do my homework.
> B: 너는 그것을 자기 힘으로 해야 해.
>   (do, it, should, for)

→ _____

04
> A: Finally, I finished my homework.
>   Now, I can go to the party!
> B: 그 파티에서 좋은 시간 보내.
>   (enjoy, at, party)

→ _____

오류수정
[05~06] 어법상 **틀린** 부분을 찾아 고쳐 쓰시오.

05 I'm looking at me in the mirror.

_____ → _____

06 Jenny's friends are enjoying herself.

_____ → _____

빈칸쓰기
[07~08] 우리말과 일치하도록 주어진 말을 활용하여 빈칸에 알맞은 말을 쓰시오. (필요시 형태를 변형할 것)

07 나의 엄마가 직접 그것을 만들지 않았다. (make)

→ My mom _____ _____ _____

   _____ .

08 내 남동생은 자신의 사진을 찍고 있다.

   (of, take, a picture)

→ My brother is _____ _____

   _____ _____ _____ .

독해형영작
[09~10] 다음 글을 읽고, 주어진 말을 활용하여 밑줄 친 우리말을 영작하시오.

> Paul invited me and some other friends to his house for his birthday party. His mom put many snacks on the table.
>   Among them, there were cookies. **09** <u>그가 직접 그 쿠키들을 만들었다.</u> (make) Since Paul knows that I love cookies, he said to me, "**10** <u>그 쿠키들을 마음껏 먹어.</u>" (help) They were great. And he taught me how to make them.

09 _____

10 _____

중간고사·기말고사 실전문제

오류 수정

[01~05] 어법상 틀린 부분을 찾아 고쳐 쓰시오.

01 There are five books in each boxes.

_____ → _____

02 The policemen became angrily.

_____ → _____

03 Lucy arrives usually late.

_____ → _____

04 Do you eat many sugar?

_____ → _____

05 I can't hardly imagine life without my family.

_____ → _____

단어 배열

[06~10] 우리말과 일치하도록 주어진 말을 알맞게 배열하시오.

06
나는 튀긴 음식을 거의 먹지 않는다.
(eat / fried foods / rarely / I)

→ _____

07
그 박물관을 방문한 사람이 거의 없었다.
(people / the museum / visited / few)

→ _____

08
나의 형들 둘 다 경찰관이다. (of / older / my / are / police officers / both / brothers)

→ _____

09
너는 나에게 도움을 좀 줄 수 있니?
(me / help / some / can / you / give)

→ _____

10
나는 약을 좀 사야 한다.
(buy / I / some / to / need / medicine)

→ _____

빈칸 쓰기

[11~15] 우리말과 일치하도록 |보기|의 단어와 주어진 말을 활용하여 빈칸에 알맞은 말을 쓰시오.

| 보기 |
| some   another   any   always   often |

11 Eric은 종종 내 생일을 잊는다. (forget, birthday)

→ _____ _____ _____

_____ .

12 당신의 눈에 어떤 문제라도 있으신가요?
(have, trouble, with, eyes)

→ Do you _____ _____ _____

_____ _____ _____?

13 나는 혼자만의 시간을 좀 가지고 싶다. (want, time)

→ _____ _____ _____ _____

alone.

14 이 근처에 또 다른 은행이 있나요? (near, here)

→ Is there _____ _____ _____

_____?

15 차량에 탑승했을 때에는 언제나 안전벨트를 착용해야 한다. (should, wear, a seat belt)

→ You _____ _____ _____

_____ _____ _____ in a vehicle.

문장완성

[16~20] 우리말과 일치하도록 주어진 말을 활용하여 문장을 완성하시오. (필요시 형태를 변형할 것)

16 나는 내 머리를 직접 잘라서 돈을 아꼈다.

(money, by cutting, hair)

→ I saved _____.

17 우리는 스페인어를 독학했다. (taught, Spanish)

→ _____

18 그는 조심스럽게 그 문을 열었다. (door, careful)

→ He opened _____.

19 아빠는 퇴근 후 보통 매우 피곤해 보인다.

(tired, after work, look, very)

→ My dad _____.

20 Erin은 행복하게 노래하고 춤췄다. (danced, happy)

→ Erin sang _____.

대화완성

[21~25] 대화를 읽고, 보기 와 주어진 말을 활용하여 밑줄 친 우리말을 알맞게 영작하시오.

보기

a few　　a little　　by you　　by yourself

the other one　　another one

21

A: Why are you wearing only one sock?

B: 나머지 한 짝은 잃어버렸어. (lost)

→ I've _____.

22

A: How was the sandwich?

B: That was delicious.

또 하나 먹어도 될까? (can, have)

→ _____

23

A: Sorry, I have to leave now.

B: Please, 질문 몇 가지만 더 할게요.

(have, questions, more)

→ I only _____.

24

A: 왜 모든 걸 혼자 하고 있니? (do everything)

B: Because nobody wants to help.

→ Why are _____?

25

A: How do you like your tea?

B: 나는 내 차에 꿀을 조금 넣는 걸 좋아해.

(put, honey)

→ I like to _____

in my tea.

[26~27] 우리말을 |조건|에 맞게 영작하시오.

26
┌─ 조건 ─────────────────────────┐
 • 8 단어로 쓸 것
 • 수량 형용사를 사용할 것
 • my house, Italian restaurants, near를
   사용할 것
└──────────────────────────────┘

우리 집 근처에는 이탈리아 음식점이 거의 없다.

→ _____

27
┌─ 조건 ─────────────────────────┐
 • 7 단어로 쓸 것
 • 조동사와 빈도 부사를 사용할 것
 • from outside, hear, noise를 사용할 것
└──────────────────────────────┘

나는 가끔 밖으로부터의 소음을 들을 수 있다.

→ _____

문장 전환
[28~29] 다음 문장과 같은 의미가 되도록 |보기|의 단어를 활용
하여 문장을 바꿔 쓰시오.

┌─ 보기 ─────────────────────────┐
        seldom   every
└──────────────────────────────┘

28 All the classrooms were decorated with
balloons.

→ _____

29 She doesn't usually eat fast food.

→ _____

그림 영작
[30~32] 다음 그림을 보고, |보기|에서 알맞은 말을 선택하여
빈칸에 쓰시오.

┌─ 보기 ─────────────────────────┐
 the other   the others   others
└──────────────────────────────┘

30

I have two lunch boxes. One is blue and
_____ is green.

31

I have many cups. Some cups are full.
_____ are empty.

32

I have seven pencils. Only two pencils are
long. All _____ are short.

문장 완성
[33~37] 밑줄 친 문장에서, 괄호 안의 표현 중 가장 알맞은 것
을 골라 완전한 문장으로 쓰시오.

33 She lives in another country. <u>That's why we
(always / usually / hardly) see her.</u>

→ _____

34 I didn't see (some / any / another) students in the playground. It was empty.

→ _____

35 They should not blame (they / themselves / them). It wasn't their fault.

→ _____

36 We have (few / little / many) time before class. Hurry up!

→ _____

37 Clara, please be careful with the knife. <u>I don't want you to cut (you / yourself / yourselves).</u>

→ _____

38 다음 그림을 보고, 보기 에서 알맞은 말을 골라 문장을 완성하시오.

┌ 보기 ┐
  another   other   the other   the others
└─────────────────────────────────────┘

→ The school is on _____ side of the street.

도표 영작

39 다음 피아노를 연습한 횟수를 적은 표를 보고, 보기 와 주어진 말을 활용하여 문장을 완성하시오.
(필요시 형태를 변형할 것)

	Mon	Tue	Wed	Thu	Fri
Jiwoo	O	X	X	X	X
Minhee	X	O	X	O	X
Hyemi	O	O	O	X	O

┌ 보기 ┐
  sometimes   rarely   usually
└─────────────────────────┘

(1) Jiwoo _____
   on weekdays. (practice the piano)

(2) Minhee _____
   on weekdays. (practice the piano)

(3) Hyemi _____
   on weekdays. (practice the piano)

오류 수정 ~ 고난도

40 다음 글을 읽고, 밑줄 친 @~ⓔ 중 어법상 틀린 부분 3개를 찾아 고쳐 쓰시오.

> In my coin collection, I have @<u>a lot of</u> Asian coins, but I don't have ⓑ<u>some</u> American or African coins. And I only have ⓒ<u>a little</u> European coins. Do you have ⓓ<u>many</u> coins from America and Africa? Can you show me some of your ⓔ<u>coin</u>?

	기호	고친 내용
(1)		
(2)		
(3)		

CHAPTER

[07]

비교 표현

Unit 01 원급 비교 – as ~ as

Unit 02 비교급 – -(e)r, more ~

Unit 03 최상급 – -(e)st, the most ~

Unit 04 원급과 비교급을 이용한 표현

WORD LIST

• 이번 챕터에서 나올 어휘들을 미리 확인해 보세요.

☐	ability	능력
☐	bark	(개 등이) 짖다
☐	chew	씹다
☐	crowded	붐비는, 복잡한
☐	excuse	변명(하다)
☐	expect	기대하다
☐	expensive	값비싼
☐	gain	얻다
☐	grade	점수
☐	grow	자라다 (grow-grew-grown)
☐	habit	습관
☐	interesting	흥미로운
☐	melt	(얼음 등이) 녹다
☐	normal	보통의, 평범한
☐	pharmacy	약국
☐	popular	인기 있는, 대중적인
☐	spend	(돈이나 시간 등을) 쓰다
☐	strong	강한
☐	successful	성공적인 (몡 success)
☐	suitcase	여행 가방
☐	superhero	슈퍼히어로, 슈퍼영웅
☐	the Pacific Ocean	태평양
☐	thick	두꺼운
☐	thin	얇은
☐	watch	손목시계; 보다

Spelling 주의

• 쓸 때 철자에 주의해야 하는 단어들을 미리 익혀 두세요.

☐	aggressive	공격적인
☐	athlete	운동선수
☐	comfortable	편안한, 안락한
☐	neighborhood	이웃, 근처
☐	restaurant	식당
☐	weigh	무게가 ~이다

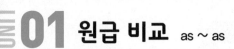

01 원급 비교 as ~ as

다음 표를 보고, |조건|에 맞게 문장을 완성하시오.

	Minsu	Sujin
Height	150cm	160cm
Age	14	15

 문장력 UP

주어 Minsu → 3인칭 단수

동사 ~이다 → is

어순 S + V + not as 형용사 as 비교 대상

──| 조건 |──
- as ~ as를 사용할 것
- tall을 사용할 것

→ Minsu _____ Sujin.

필수 문법

| 1 | '···만큼 ~한'은 〈as 형용사 as〉로 표현해요.

비교 포인트	예문	해석
형용사	She is tall.	그녀는 키가 크다.
as 형용사 as	She is as tall as he is.	그녀는 그만큼 키가 크다.

* 두 번째 as 뒤에는 문장의 주어, 동사와 같은 형태인 he is로 써야 하지만, 구어체에서는 him(목적격)을 쓰기도 해요.

She is as tall as him.

| 2 | '···만큼 ~하게'는 〈as 부사 as〉로 표현해요.

비교 포인트	예문	해석
부사	She can run fast.	그녀는 빠르게 달릴 수 있다.
as 부사 as	She can run as fast as he can.	그녀는 그만큼 빠르게 달릴 수 있다.

* 두 번째 as 뒤에는 he can 또는 he does/did와 같이 써야 하지만, 구어체에서는 him(목적격)을 쓰기도 해요.

She can run as fast as him.

| 3 | 〈as 형/부 as〉의 부정은 〈not as[so] 형/부 as〉로 써요.

She is not as[so] tall as he is. 그녀는 그만큼 키가 크지 않다.

She ran, but not as[so] fast as him. 그녀는 달렸지만, 그만큼 빨리 달리지는 않았다.

* not as ~ as에서 첫 번째 as 대신에 so를 쓸 수 있어요.

빈출 유형 해결

해설

☑ Minsu가 Sujin보다 키가 작으므로 as ~ as를 활용하여 쓰려면 'Minsu는 Sujin만큼 키가 크지 않다'로 써야 해요.

☑ as tall as Sujin(Sujin만큼 키가 큰) 앞에 not을 붙여 부정의 의미를 만들어요.

정답 is not as tall as

실전 유형으로 PRACTICE

01 다음 표를 보고, 조건에 맞게 문장을 완성하시오.

	Jinsu	Mijin
Height	150cm	160cm
Weight	45kg	45kg

조건
- as ~ as를 사용할 것
- weigh(체중이 ~이다)를 사용할 것

→ Jinsu ___weigh as many as___ Mijin. **(X)**

위의 오답에서 틀린 부분을 찾아 바르게 고쳐 주세요.

☑ 동사의 수일치   ☑ 부사

→ Jinsu _____ Mijin.

동사는 주어(3인칭 단수)에 맞춰 -s를 붙여야 하며, '체중이 많이 나가다'에서 '많이'는 many(수)가 아닌 much(양)를 써요.

[02~04] 다음 표를 보고, 조건에 맞게 문장을 완성하시오.

	Jiho	Semin	Yumi	Garam
Height	150cm	158cm	158cm	160cm
Study Hours	2 hours	3 hours	1 hour	2 hours
Bed-time	11 o'clock	10 o'clock	12 o'clock	10 o'clock

조건
- as ~ as를 사용할 것
- 주어진 말을 사용할 것

02 Jiho _____ Semin.
(tall)

03 Jiho _____ Garam does.
(study, long)

04 Yumi doesn't _____ Semin.
(go to bed, early)

[05~06] 어법상 틀린 부분을 찾아 고쳐 쓰시오.

05 She spends as more as her brother does.

_____ → _____

06 He is as not good as his sister at science.

_____ → _____

[07~08] 우리말과 일치하도록 주어진 말을 알맞게 배열하시오.

07 그들은 나만큼 피곤했다.

(tired / was / were / as / as / I / they)

→ _____

08 그녀는 내가 먹은 만큼 먹지 않았다.

(eat / did / didn't / she / I / as / as / much)

→ _____

[09~10] 대화를 읽고, 밑줄 친 우리말을 알맞게 영작하시오.

A: Have you heard of the movie, *The Flash*?
B: Yes, I have. It's a superhero movie.
A: What's his ability?
B: **09** 그는 번개만큼 빠르게 달릴 수 있어.
A: You mean like Superman?
B: **10** 그는 슈퍼맨만큼 빠르지 않아.
Superman is the fastest among all the superheroes.

09 _____ lightning.

10 _____ Superman.

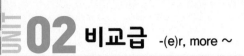

02 비교급 -(e)r, more ~

우리말과 일치하도록 주어진 말을 알맞게 배열하시오.

> 그는 나보다 훨씬 많이 체중이 나간다.
> (weighs / he / I / a lot / than / more / do)

문장력 UP

주어 그(he) → 3인칭 단수

동사 체중이 나가다(현재) → weighs

어순 S + V + 부사(비교급) + than ~

→ _____

| 1 | '…보다 더 ~한[하게]'은 〈비교급 + than〉으로 표현해요.

비교 포인트	예문	해석
형용사 비교급 + than	She is taller than her mom.	그녀는 그녀의 엄마보다 더 키가 크다.
부사 비교급 + than	She can run faster than her dad.	그녀는 그녀의 아빠보다 더 빨리 달릴 수 있다.

* than은 '~보다'라는 의미의 전치사예요.

| 2 | 형용사나 부사를 비교급으로 만드는 방법을 알아 두세요.

대부분의 형/부	+ -er	smaller, slower, shorter, faster
-e로 끝나는 형/부	+ -r	later, nicer, freer, wider
〈자음 + -y〉로 끝나는 형/부	y 삭제 + -ier	easy-easier, busy-busier, happy-happier
〈단모음 + 단자음〉으로 끝나는 형/부	마지막 자음 하나 더 + -er	big-bigger, fat-fatter, hot-hotter
3음절 이상의 형/부 (일부 2음절)	more +	more interesting, more beautiful
불규칙 비교급	good/well-better, bad-worse, many/much-more, little-less	

| 3 | 비교급을 강조할 때는 주로 비교급 앞에 much, far, a lot을 붙여요.

She is a lot taller than her mom. 그녀는 그녀의 엄마보다 훨씬 더 키가 크다.
She runs much faster than her dad. 그녀는 그녀의 아빠보다 훨씬 더 빨리 달린다.

• '덜 ~한[하게]'은 〈less + 형/부〉로 표현해요.
  She is less tall than her mom. 그녀는 그녀의 엄마보다 덜 키가 크다.
  She runs less fast than her dad. 그녀는 그녀의 아빠보다 덜 빨리 달린다.

빈출 유형 해결

해설
☑ 주어와 동사를 먼저 쓰면 He weighs가 되고, '훨씬 많이'는 비교급을 강조하는 a lot을 붙여서 a lot more로 써요.
☑ '나보다'를 than me로 쓸 수 있지만, 주어진 단어로 영작을 하려면 than I do로 써요.

정답 He weighs a lot more than I do.

실전 유형으로 PRACTICE

단어 배열

[01~04] 우리말과 일치하도록 주어진 말을 알맞게 배열하시오.

01

거북이는 토끼보다 훨씬 느리다.
(slower / rabbits / turtles / much / than / are)

→ Turtles are slower much than rabbits.   (X)

👤 위의 오답에서 **틀린 부분**을 찾아 바르게 고쳐 주세요.

☑ 비교급 강조 much의 위치

→ _____

💬 비교급을 강조하는 much, a lot, far는 비교급 바로 앞에 써요.

02

나의 형은 나보다 스포츠를 훨씬 더 못 한다.
(than / is / a / brother / me / my / worse / lot)

→ _____
at sports.

03

이 의자들은 우리 것보다 훨씬 더 편안하다.
(comfortable / are / chairs / ours / these / than / more / far)

→ _____

04

그는 내가 한 것보다 더 쓰지 않았다.
(spend / did / didn't / than / I / he / more)

→ _____

오류 수정

[05~06] 어법상 틀린 부분을 찾아 고쳐 쓰시오.

05 He did a lot well than last time.

_____ → _____

06 Australia is hoter than Canada.

_____ → _____

그림 영작

[07~08] 다음 그림을 보고, 비교급과 주어진 말을 활용하여 문장을 완성하시오.

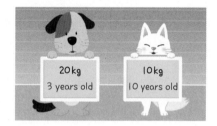

20kg / 3 years old   10kg / 10 years old

07 The dog _____ the cat.
(weigh, much)

08 The dog is _____ the cat.
(young, much)

도표 영작

[09~10] 다음 인물을 비교하는 표를 보고, 주어진 말을 활용하여 비교급 문장을 완성하시오.

	Superman	Ironman
Age	76	49
Power	★★★★★	★★★
Humor	★★	★★★★★

09 Superman _____
Ironman. (strong, a lot)

10 Ironman _____
Superman. (funny, far)

[빈출 유형] [조건 영작]

지난 시험 성적표를 보고, |조건|에 맞게 문장을 완성하시오.

Last Exam	Minsu	Mina	Suyong
English	95	85	90

┌ 조건 ┐
• 최상급을 사용할 것
• score, high, of, get, the three를 사용할 것
└────────┘

 문장력 UP

[주어] Minsu

[동사] (지난 시험에서) 얻었다(과거) → got

[어순] S + V + O(최상급 + 명사) + of ~

→ Minsu _____ .

[필수 문법] | 1 | '가장 ~한[하게]'은 〈the + 최상급〉으로 표현해요.

비교 포인트	예문	해석
the + 형용사 최상급	She is the tallest.	그녀는 가장 키가 크다.
the + 부사 최상급	She can run the fastest.	그녀는 가장 빨리 달릴 수 있다.

| 2 | 형용사나 부사를 최상급으로 만드는 방법을 알아 두세요.

대부분의 형/부	+ -est	smallest, slowest, shortest, fastest
-e로 끝나는 형/부	+ -st	latest, nicest, freest, widest
〈자음 + -y〉로 끝나는 형/부	y 삭제 + -iest	easy-easiest, busy-busiest, happy-happiest
〈단모음 + 단자음〉으로 끝나는 형/부	마지막 자음 하나 더 + -est	big-biggest, fat-fattest, hot-hottest
3음절 이상의 형/부 (일부 2음절)	most +	most interesting, most beautiful
불규칙 최상급	good/well-best, bad-worst, many/much-most, little-least	

＊ 최상급 앞에는 항상 the를 써요.

| 3 | 최상급은 주로 '~ 중에서'에서 최고라고 표현을 해요.

[in + 하나의 그룹] She is the tallest in her class. ＊〈in + 단수 명사〉
[of/among + 그룹 속 단위들] She is the tallest of[among] the 10 students. ＊〈of/among + 복수〉

[빈출 유형 해결]

해설
☑ 주어와 동사를 과거 긍정문으로 쓰면 Minsu got이 되고, 목적어인 '가장 높은 점수'는 최상급인 the highest score로 써요.
☑ 주어진 of를 사용하면 사람 수가 나와야 하므로 of the three students 또는 of the three(셋 중에서)라고 쓸 수 있어요.

정답 got the highest score of the three (students)

실전 유형으로 PRACTICE

조건 영작

01 다음 표를 보고, 조건 에 맞게 문장을 완성하시오.

Last Year	Jeju-do	Sokcho	Gyeongju
Visitors	3,000,000	2,500,000	1,500,000

조건
- 최상급을 사용할 것
- visitors, many, of, have를 사용할 것

→ <u>Jeju-do have more visitors of</u> the three. (X)

위의 오답에서 틀린 부분을 찾아 바르게 고쳐 주세요.

☑ 시제   ☑ many의 최상급

→ _____ the three.

작년의 일이므로 과거 시제이며, many의 최상급은 the most예요. 따라서 many visitors의 최상급은 the most visitors로 써요.

[02~04] 다음 표를 보고, 조건 에 맞게 문장을 완성하시오.

Tablet PC	가격	무게	선호도
G-pad	$120	130g	★★★★
K-pad	$150	120g	★★
S-pad	$130	110g	★★★

02 조건
- expensive의 최상급을 사용할 것

→ _____
tablet PC in the store.

03 조건
- light의 최상급을 사용할 것

→ _____
tablet PC in the store.

04 조건
- popular의 최상급을 사용할 것

→ _____
tablet PC among the students.

오류 수정

[05~06] 어법상 틀린 부분을 찾아 고쳐 쓰시오.

05 Sarah is beautifulest girl in our school.

_____ → _____

06 He got the lowest grade of the class.

_____ → _____

문장 전환

[07~08] 다음 문장을 최상급을 사용하여 바꿔 쓰시오.

07 This book is good for children.

→ _____

08 Picking your nose is a bad habit.

→ _____

문장 완성

[09~10] 우리말과 일치하도록 주어진 말을 활용하여 문장을 완성하시오.

09
> 나는 '어벤저스'가 가장 재미있는 영화라고 생각한다. (interesting, movie)

→ I think *The Avengers* _____
_____.

10
> Jinsu는 그 반에서 가장 웃긴 소년이다.
> (funny, boy, class)

→ Jinsu _____.

04 원급과 비교급을 이용한 표현

다음 문장과 같은 의미가 되도록 최상급을 사용하여 문장을 바꿔 쓰시오.

> No other class in school is as easy as English.

→ English _____.

 문장력 UP

주어	English → 3인칭 단수
동사	~이다(be동사/현재) → is
어순	S + V + C(최상급 + 명사)

| 1 | '몇 배만큼 ~한[하게]' 또는 '몇 배 더 ~한[하게]'은 배수사를 붙여서 표현해요.

배수사	as ~ as	-(e)r than
두 배 twice	She is twice as busy as him. 그녀는 그의 두 배만큼 바쁘다.	She is twice busier than him. 그녀는 그보다 두 배 더 바쁘다.
세 배 three times	He eats three times as much as her. 그는 그녀의 세 배만큼 많이 먹는다.	He eats three times more than her. 그는 그녀보다 세 배 더 많이 먹는다.

* twice를 제외하고 '세 배' 이상은 〈숫자 + times〉로 배수사를 써요. (four times, five times 등)

| 2 | 비교급을 써서 '더 ~할수록, 더 …하다' 또는 '점점 더 ~한[하게]'을 표현할 수 있어요.

더 ~할수록, 더 …하다	점점 더 ~한[하게]
The 비교급 (주어 + 동사), the 비교급 (주어 + 동사)	비교급 and 비교급
The more you know, the wiser you become. 더 알수록, 더 현명해진다.	It's getting more and more interesting. 그것은 점점 더 재미있어진다.

* -er 비교급은 -er and -er로 표현해요.
  It's getting hotter and hotter. 점점 더 더워진다.

| 3 | 원급이나 비교급을 이용하여 최상급의 의미를 표현할 수 있어요.

최상급	She is the tallest girl in the class.	그녀는 그 반에서 가장 키가 크다.
= 원급으로 표현	No (other) girl in the class is as tall as her.	그 반의 어떤 소녀도 그녀만큼 키가 크지 않다.
= 비교급으로 표현	She is taller than any (other) girl in the class.	그녀는 그 반의 (다른) 어떤 소녀보다 더 키가 크다.

해설
☑ '학교에서 영어만큼 쉬운 다른 수업이 없다'를 의미상 '학교에서 영어가 가장 쉬운 수업이다'로 바꿔 써야 해요.
☑ 주어와 동사를 English is로 쓰고, '가장 쉬운 수업'을 최상급으로 the easiest class라고 쓴 후, in school(학교에서)을 써요.

정답 is the easiest class in school

[01~04] 다음 문장과 같은 의미가 되도록, 지시에 맞게 문장을 바꿔 쓰시오.

01

> No boy in the class jumped as high as Tom.
> (최상급으로)

→ *Tom jump the highest than other boys in the class.* (X)

🧑 위의 오답에서 틀린 부분을 찾아 바르게 고쳐 주세요.

☑ 시제   ☑ 최상급 표현   ☑ 전치사

→ _____

💬🧑 than other boys는 비교의 상황에서 쓰는 표현으로, 최상급에서는 '~보다'를 쓰지 않고, '~ 중에서'라는 뜻을 지닌 in the class만 쓰면 돼요.

02

> Sally is stronger than any other girl in the class.
> (최상급으로)

→ Sally is _____ .

03

> No other island is bigger than Jeju-do in Korea.
> (비교급으로)

→ Jeju-do is _____ .

04

> The Nile River in Africa is the longest river in the world.
> (원급으로)

→ No other river in the world is _____

_____ .

[05~06] 어법상 틀린 부분을 찾아 고쳐 쓰시오.

05 Cats sleep as twice much as people.

_____ → _____

06 The more you work hard, the more you get.

_____ → _____

[07~08] 우리말과 일치하도록 주어진 말을 알맞게 배열하시오.

(필요시 형태를 변형할 것)

07 더 씹을수록, 더 단 맛이 난다.

(taste / sweet / it / chew / more / you / the / the)

→ _____

08 그는 점점 더 공격적이 되어 간다.

(become / more / he / be / aggressive / and / more)

→ _____

[09~10] 대화를 읽고, 밑줄 친 우리말을 알맞게 영작하시오.

09

> A: How tall is the tree?
> B: 그것은 나의 세 배만큼 키가 커. (as)

→ _____ me.

10

> A: Is her suitcase heavy?
> B: 그것은 내 것보다 두 배 더 무거워. (than)

→ _____

중간고사·기말고사 실전문제

오류 수정

[01~05] 어법상 **틀린** 부분을 찾아 고쳐 쓰시오.

01 Carl is as smarter as you.

_____ → _____

02 My great-grandfather is the older person in our family.

_____ → _____

03 This airport is a lot busy than I expected.

_____ → _____

04 Abby is as not successful as Joe is.

_____ → _____

05 She speaks more quietly me.

_____ → _____

단어 배열

[06~10] 우리말과 일치하도록 주어진 말을 알맞게 배열하시오.
(단, 형용사, 부사는 비교급으로 변형할 것)

06

이 자전거는 내 것보다 더 새것이다.
(bike / new / mine / this / is / than)

→ _____

07

나쁜 변명은 아무 변명을 하지 않는 것보다 더 안 좋다. (a bad excuse / no excuse / than / bad / is)

→ _____

08

그녀의 신발은 내 것보다 예쁘다.
(pretty / her / mine / shoes / are / than)

→ _____

09

그는 평소보다 훨씬 더 빠르게 운전하고 있다.
(driving / is / fast / than / a lot / usual)

→ He _____.

10

Jay는 Seth보다 인기가 많다.
(than / popular / Seth / is / Jay)

→ _____

빈칸 쓰기

[11~15] 우리말과 일치하도록 주어진 말을 활용하여 빈칸에 알맞은 말을 쓰시오. (필요시 형태를 변형할 것)

11 Jenny는 우리 학교에서 가장 부드러운 목소리를 가지고 있다. (has, soft, voice)

→ _____ _____ _____ _____ _____ in our school.

12 내 새 책상이 예전 것보다 더 좋다. (desk, good)

→ _____ _____ _____ _____ _____ _____ the old one.

13 5월은 일 년 중 가장 좋은 달이다.

(May, good, month)

→ _____ _____ _____ _____

_____ in a year.

14 거북이는 토끼만큼 빠르지 않다.

(turtles, fast, rabbits)

→ _____ _____ _____ _____

_____ _____ _____ .

15 이 건물은 나의 집보다 네 배 더 크다.

(this building, large, four)

→ _____ _____ _____ _____

_____ _____ _____ my house.

문장 완성

[16~20] 우리말과 일치하도록 주어진 말을 활용하여 문장을 완성하시오. (필요시 형태를 변형할 것)

16
앞은 얼음은 두꺼운 얼음보다 빠르게 녹는다.

(thin ice, melts, fast, thick ice)

→ _____

17
뉴욕은 서울만큼 붐비지 않는다.

(New York, crowded, Seoul)

→ _____

18
나는 점점 더 피곤해졌다. (became, tired)

→ _____

19
당신이 더 가벼울수록, 더 높이 점프할 수 있어요. (light, be, high, can, jump)

→ _____

20
Ian은 Jim의 두 배만큼 많이 공부했다.

(studied, much)

→ _____

보기 영작

[21~25] 괄호 안의 단어를 비교급이나 최상급의 형태로 써서 보기와 같이 영작하시오.

보기
Jamie arrived (early) than Beck.
→ Jamie arrived earlier than Beck.

21 In the English exam, I did much (bad) than John.

→ _____

22 The Pacific Ocean is the (wide) ocean in the world.

→ _____

23 The (tall) Peter grew, the (thin) he became.

→ _____

24 Fresh fruit is (good) than juice.

→ _____

25 There were (many) people at the beach than expected.

→ _____

[26~30] 다음 문장과 같은 의미가 되도록, 주어진 말을 사용하여 문장을 바꿔 쓰시오.

26 Ben is the youngest member of our team.

→ Ben _____

_____. (than)

27 Jason is the most helpful person in the class.

→ _____ Jason.

(as, as)

28 This soup is three times as spicy as the normal one.

→ _____

(than)

29 Silver is not as useful as iron.

→ _____

(so)

30 No other country in the world is as small as Vatican City.

→ Vatican City _____

_____. (than)

[31~35] 대화를 읽고, 밑줄 친 우리말을 알맞게 영작하시오.
(필요시 형태를 변형할 것)

31

A: How was the food?
B: 그건 내가 기대한 것보다 덜 맛있었어.
(tasty, I expected)

→ It was _____ .

32

A: Why are you getting more and more worried?
B: 왜냐하면 나는 급한데 이 버스가 점점 더 천천히 가고 있거든. (is going slow)

→ Because I am in a hurry and _____

_____ .

33

A: Who do you think is the best athlete in the world?
B: Michael Phelps. 그는 가장 많은 올림픽 메달을 획득했어. (Olympic medals)

→ He won _____ .

34

A: Is your baby still crying?
B: No. 한 시간 전보다 훨씬 더 기분 좋아 보여.
(looks, happy, much)

→ She _____

she was an hour ago.

35

> A: I didn't know that Olivia is the nicest person in our neighborhood.
> B: 그래, 그녀는 우리 동네의 다른 어느 사람보다 친절한 사람이야. (nice, than)

→ Yeah, she _____

_____ .

조건 영작

[36~37] 우리말을 |조건|에 맞게 영작하시오.
(필요시 형태를 변형할 것)

36
> |조건|
> • 9 단어로 쓸 것
> • hands, big을 사용할 것

내 손은 너의 손의 두 배만큼 크다.

→ _____

37
> |조건|
> • 8 단어로 쓸 것
> • soon, come, you, gain을 사용할 것

네가 더 빨리 올수록, 더 많이 얻는다.

→ _____

그림 영작

38 다음 그림을 보고, 주어진 말을 활용하여 빈칸에 알맞은 말을 쓰시오.

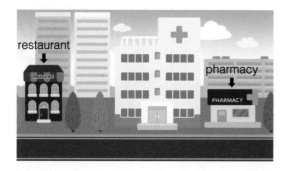

→ _____ _____ _____ _____ to the hospital _____ _____ _____ is. (the pharmacy, close, the restaurant)

도표 영작

39 다음 두 시계를 비교한 표를 보고, 주어진 말을 활용하여 문장을 완성하시오.

	Watch A	Watch B
Cost	$70	$60
Weight	50g	45g
Popularity	★★	★★★★★

(1) Watch A _____ .
   (expensive, than)

(2) Watch A _____ .
   (not, so, light)

(3) Watch A _____ .
   (popular, than)

오류 수정 – 고난도

40 다음 중 어법상 틀린 문장 3개를 찾아 고쳐 쓰시오.

> (A) I think my guitar sounds better than yours.
> (B) Lily got the highest grade than the class.
> (C) This picture is more beautiful than the other picture.
> (D) No other building on the street is as bigger as the museum.
> (E) The faster he ran, the loud the dog barked.

	기호	틀린 부분	고친 내용
(1)			
(2)			
(3)			

[08]

문장의 주요 형식

Unit 01 동사 뒤에 오는 말 – SV / SVO / SVC

Unit 02 목적어를 2개 쓰는 동사 – SVOO

Unit 03 목적어와 목적격 보어를 쓰는 동사 – SVOC

Unit 04 목적격 보어로 to부정사를 쓰는 동사 – SVOC

Unit 05 사역 동사의 목적격 보어 – SVOC

Unit 06 지각 동사의 목적격 보어 – SVOC

• 이번 챕터에서 나올 어휘들을 미리 확인해 보세요.

☐	address	주소; 연설하다
☐	advertisement	광고
☐	advise	조언하다 (명 advice)
☐	allow	허락하다
☐	aloud	크게, 큰소리로
☐	amazingly	놀랄 만큼, 놀랍게도
☐	amused	즐거운
☐	because of	~ 때문에
☐	break	망가뜨리다, 부수다 (-broke-broken)
☐	buy	사다 (-bought-bought)
☐	dessert	후식, 디저트
☐	exactly	정확하게
☐	fold	접다, 개다
☐	greedy	탐욕스러운, 욕심이 많은
☐	into the distance	저 멀리
☐	knock	(문을) 두드리다, 노크하다
☐	leave	떠나다, 출발하다 (-left-left)
☐	mirror	거울
☐	notice	알아차리다
☐	order	명령; 주문; 순서
☐	outfit	옷, 의상
☐	present	선물 (= gift)
☐	teach	가르치다(-taught-taught)
☐	warm	따뜻한
☐	yell	소리를 지르다

Spelling 주의

• 쓸 때 철자에 주의해야 하는 단어들을 미리 익혀 두세요.

☐	attention	관심, 주목
☐	do the laundry	세탁하다
☐	knife	칼
☐	passion	열정
☐	personality	성격, 인격, 개성
☐	principal	교장; 주요한

01 동사 뒤에 오는 말 SV / SVO / SVC

빈출 유형 **문장 완성**

우리말과 일치하도록 주어진 말을 활용하여 문장을 완성하시오.

> (1) 그것은 좋게 들린다. (sound)
> (2) 그것은 좋은 생각으로 들린다. (idea)

(1) That _____.

(2) That _____.

 문장력 UP

주어 그것(that) → 3인칭 단수

동사 들린다(현재) → sounds

어순 2형식
→ S + V(감각 동사) + C(형용사)
→ S + V(감각 동사) + like 명사

필수 문법

|1| 문장은 동사 뒤에 어떤 말을 쓰는가에 따라 1, 2, 3형식으로 구분해요.

[1형식 – S + V]   She was walking (in the park). 그녀는 (공원에서) 걷고 있었다. * 목적어 X

[3형식 – S + V + O] She closed the door (slowly). 그녀는 (느리게) 문을 닫았다. * 목적어(~을) O

[2형식 – S + V + C] She was happy. 그녀는 행복했다. * 형용사 보어 O

                    He was her classmate. 그는 그녀의 반 친구였다. * 명사 보어 O

                        └▸ be동사 뒤에는 '~을'에 해당하는 목적어가 아닌 보어를 써요.

|2| be동사 외에 보어가 필요한(2형식) 일반동사를 반드시 알아 두세요.

동사	보어	예문	해석	비고
become	명사	She became a nurse.	그녀는 간호사가 되었다.	* become은 명사와 형용사 둘 다 보어로 쓸 수 있어요.
	형용사	She became tired.	그녀는 피곤해졌다.	
get	형용사	She got tired.	그녀는 피곤해졌다.	* 〈get + 형용사〉 → '~해지다'
감각동사	형용사	It looks good.	그것은 좋아 보인다.	* 감각동사 뒤의 형용사는 '좋게'와 같이 부사처럼 해석되지만, 반드시 보어로 형용사를 써야 해요.
		It tastes good.	그것은 좋은 맛이 난다.	
		It smells good.	그것은 좋은 냄새가 난다.	
		It sounds good.	그것은 좋게 들린다.	
		It feels good.	그것은 좋게 느껴진다.	

• 감각동사 뒤에 명사를 쓸 때는 〈감각동사 + 전치사 like + 명사〉와 같이 써요.

It looks[seems] like a car. 그것은 자동차처럼 보인다.

It smells like curry. 그것은 카레 같은 냄새가 난다.

빈출 유형 해결

해설

☑ That은 앞에서 말한 사람[사물] 또는 말하는 이나 듣는 이가 이미 알고 있는 사람[사물]을 가리킬 때 '그', '그것은'의 의미로 써요.

☑ (1)은 That sounds 뒤에 형용사 보어를 취하므로 good을 그대로 써요. 이때 '좋게'라고 하여 부사인 well을 쓰지 않아요.

☑ (2)는 '좋은 생각'이 명사이므로 sound 뒤에 〈전치사 like + 명사〉로 써야 하며 idea는 셀 수 있으므로 부정관사를 넣어서 써요.

정답 (1) That sounds good. (2) That sounds like a good idea.

문장 완성

[01~04] 우리말과 일치하도록 주어진 말을 활용하여 문장을 완성하시오.

01
> (1) 그것은 단맛이 났다. (sweet)
> (2) 그것은 단 꿀과 같은 맛이 났다. (honey)

(1) That _tastes sweet_ . (X)

(2) That _tastes sweet honey_ . (X)

👤 위의 오답에서 틀린 부분을 찾아 바르게 고쳐 주세요.

> ☑ 시제   ☑ 감각동사 뒤에 형용사/명사

→ (1) That _____ .

→ (2) That _____ .

💬 감각동사 뒤에 명사를 쓸 때는 전치사 like(~와 같은)를 써요.

02
> (1) 그는 행복해졌다. (happy)
> (2) 그는 행복했다.

(1) He _____ .

(2) He _____ .

03
> (1) 그 음식은 매운 냄새가 났다. (spicy)
> (2) 그 음식은 중국 음식 같은 냄새가 났다.
>   (Chinese food)

(1) The food _____ .

(2) The food _____ .

04
> (1) 그녀는 키가 커 보였다. (tall)
> (2) 그녀는 모델 같아 보였다. (a model)

(1) She _____ .

(2) She _____ .

오류 수정

[05~06] 어법상 틀린 부분을 찾아 고쳐 쓰시오.

05 The dress will look nicely on you.

_____ → _____

06 This shirt feels silk.

_____ → _____

💬 silk는 명사이므로 감각 동사 뒤에 〈전치사 like + 명사〉로 써요.

단어 배열

[07~08] 우리말과 일치하도록 주어진 말을 활용하여 빈칸에 알맞은 말을 쓰시오.

07 내가 가장 좋아하는 과목은 수학이야.

(math / my / favorite / is)

→ _____ subject.

08 그녀는 똑똑하고 상냥하다.

(smart / she / nice / is / and)

→ _____

대화 완성

[09~10] 우리말과 일치하도록 │보기│의 동사와 주어진 말을 활용하여 대화를 완성하시오.

┌ 보기 ┐
| smell   taste   look   sound   feel |

> A: I made a pizza. Look! Here it is.
> B: Well, **09** 그것은 피자처럼 안 보여. (It, not)
> A: But try some.
> B: Sure.
> A: How is it?
> B: Wow! **10** 그것은 정말 좋은 맛이 나. (very good)

09 _____

10 _____

02 목적어를 2개 쓰는 동사 SVOO

빈출 유형 **단어 배열**

우리말과 일치하도록 주어진 말을 알맞게 배열하시오.

(필요시 형태를 변형할 것)

> 그는 그의 어린 아들에게 엽서 한 장을 보내 줬다.
>
> (his / postcard / son / a / he / young / send)

→ _____

🔍 문장력 UP

주어 그(he)

동사 보내 줬다(과거) → sent

어순 4형식 → S + V + O(…에게) + O(~을)

필수 문법

| 1 | 동사 뒤에 **간접 목적어(…에게)**와 **직접 목적어(~을/를)**가 모두 있으면 **4형식 문장**이에요.

She sent me a card. 그녀는 나에게 카드를 보냈다.
   …에게↵   ↳~을/를

She sent a card me. (X) 그녀는 카드에게 나를 보냈다. (X) * 간접 목적어와 직접 목적어의 순서에 주의하세요.

* 간접 목적어는 영어로 IO(Indirect Object), 직접 목적어는 DO(Direct Object)라고 해요.

| 2 | 간접 목적어(…에게)와 직접 목적어(~을/를)를 둘 다 취할 수 있는 동사를 알아 두세요.

give	…에게 ~을 주다	lend	…에게 ~을 빌려주다
send	…에게 ~을 보내 주다	buy	…에게 ~을 사 주다
write	…에게 ~을 써 주다	get	…에게 ~을 얻어 주다
show	…에게 ~을 보여 주다	make	…에게 ~을 만들어 주다
teach	…에게 ~을 가르쳐 주다	cook	…에게 ~을 요리해 주다
tell	…에게 ~을 말해 주다	keep	…에게 ~을 남겨 두다
bring	…에게 ~을 가져다주다	ask	…에게 ~을 묻다

| 3 | 4형식에서 3형식으로 바꿔 쓸 때, 전치사는 동사에 따라 다르게 써요.

give, send, write, show, teach, tell, bring, lend	목적어 (~을)	to + 명사
buy, get, make, cook, keep		for + 명사
ask		of + 명사

빈출 유형 해결

해설

☑ '…에게 ~을 보내 주다'와 같이 목적어가 2개 있는 4형식 문장이나 '~을 보내다 + 전치사 to ~'와 같은 3형식 문장이 가능해요.

☑ 주어진 단어 중에 전치사 to가 없으므로, 4형식으로 He sent 뒤에 '…에게(his young son)'와 '~을(a postcard)'의 순서로 써요.

정답 He sent his young son a postcard.

정답과 해설 • 19쪽

[단어 배열]

[01~04] 우리말과 일치하도록 주어진 말을 알맞게 배열하시오.
(필요시 형태를 변형할 것)

01

> 그는 나에게 햄버거를 사 주지 않았다.
> (buy / he / me / hamburger / for / a / didn't)

→ He didn't buy for me a hamburger.

🧑 위의 오답에서 **틀린** 부분을 찾아 바르게 고쳐 주세요.

☑ 목적어의 자리   ☑ 전치사구의 자리

→ _____

💬 '…에게 ～을 사 주다'는 〈동사 + 목적어(～을) + 전치사 + 명사〉의 형태로 쓸 수 있어요.

02

> 그는 나에게 웃긴 이야기를 말해 주었다.
> (tell / story / he / funny / me / a)

→ _____

03

> 너는 항상 나에게 질문을 물어볼 수 있다.
> (ask / question / can / me / you / a / always)

→ _____

💬 빈도 부사(always)는 일반동사 앞, 조동사 뒤에 써요.

04

> 나에게 너의 집 사진 몇 장을 보내 줘.
> (send / pictures / your house / some / me /of)

→ _____

[오류 수정]

[05~06] 어법상 틀린 부분을 찾아 고쳐 쓰시오.

05 She taught how to swim us.

_____ → _____

06 Carl bought a cap to me.

_____ → _____

[문장 전환]

[07~08] 다음 문장과 같은 의미가 되도록 주어진 지시에 따라 문장을 바꿔 쓰시오.

07

> My mom cooked me some noodles.
> (3형식으로)

→ My mom _____.

08

> We asked her a few questions. (3형식으로)

→ We _____.

[도표 영작]

[09~10] 다음 표를 보고, Hojun의 글을 완성하시오.

Who	Did	What
Minsu	bought	a book
Yumi	made	some cookies
Sujin	write	a letter

> It was my birthday today. My friends gave me some presents. I invited my friends to my house. **09** Minsu _____ _____ _____ _____. Sujin wrote a letter to me. **10** Yumi _____ _____ _____ _____. I thanked them for the presents. We had a great birthday party.

03 목적어와 목적격 보어를 쓰는 동사 SVOC

다음 문장과 같은 의미가 되도록 주어진 동사를 활용하여 문장을
바꿔 쓰시오.

> He was nervous because of many people's
> attention. (make)

→ Many _____ .

 문장력 UP

주어 많은 사람들의 관심[주목]

동사 ~하게 만들었다(과거) → made

어순 5형식 → …에게 ~하라고 부탁하다
S + V + O + OC

|1| 동사 뒤에 **목적어**와 그 목적어를 설명하는 **목적격 보어**가 있으면 **5형식** 문장이에요.

4형식	5형식
주어 + 동사 + 간접 목적어 + 직접 목적어	주어 + 동사 + 목적어 + 목적격 보어
She made him a cake.	She made him a doctor.
him ≠ a cake	him = a doctor

* '목적어는 목적격 보어다' 또는 '목적어가 목적격 보어하다'의 관계

|2| 목적어와 목적격 보어를 취하는 **5형식 동사**를 알아 두세요.

동사	목적어	목적격 보어	의미	〈목적어-목적격 보어〉 관계
call	him	Hoy	그를 Hoy라고 부르다	him = Hoy
name	him	Hoy	그를 Hoy라고 이름 짓다	him = Hoy
keep	the room	clean	그 방을 깨끗하게 유지하다	the room = clean
leave	the door	open	그 문을 열린 상태로 두다	the door = open
find	the book	funny	그 책이 웃긴다고 여기다	the book = funny
think	him	funny	그가 웃긴다고 생각하다	him = funny
make	him	angry	그를 화나게 만들다	him = angry (형용사)
	him	a doctor	그를 의사로 만들다	him = a doctor (명사)

* 의미상 '목적어를 ~하게 만들다'이지만 목적격 보어를 부사로 쓰지 않아요. **목적격 보어는 명사나 형용사만 쓸 수 있어요.**

빈출 유형 해결

해설

☑ make를 사용하여 '많은 사람들의 관심이 그를 긴장하게 만들었다'로 써야 해요.

☑ 시제는 과거이므로 주어와 동사를 Many people's attention made로 써요.

☑ made 뒤에 목적어를 목적격인 him(그를)으로 쓰고, '~하게'에 해당하는 목적격 보어(형용사)인 nervous를 써요.

정답 people's attention made him nervous

문장 전환

[01~04] 다음 문장과 같은 의미가 되도록 주어진 동사를 활용하여 문장을 바꿔 쓰시오.

01

> She was happy because of her father's success. (make)

→ <u>Her father's success makes she happily.</u>   (X)

🧑‍🦰 위의 오답에서 **틀린** 부분을 찾아 바르게 고쳐 주세요.

☑ 시제   ☑ 목적격 대명사   ☑ 목적격 보어의 품사

→ _____

💬🧑 목적어 자리의 대명사는 목적격으로 쓰며, 목적격 보어는 명사, 형용사만 쓸 수 있어요.

02

> He was sad because of his grade. (make)

→ _____

03

> Her desk is clean and she keeps it that way. (keep)

→ _____

04

> The mirror was broken but he left it as it was. (leave)

→ _____

오류 수정

[05~06] 어법상 **틀린** 부분을 찾아 고쳐 쓰시오.

05 She kept the knife sharply.

_____ → _____

06 I thought him was funny.

_____ → _____

💬🧑 think 뒤에 〈(that) + 절(he was funny)〉을 써도 되고, 〈목적어 (him) + 목적격 보어(to be funny)〉를 써도 돼요. 이때 to be는 생략할 수 있어요.

단어 배열

[07~08] 우리말과 일치하도록 주어진 말을 알맞게 배열하시오.
(필요시 동사의 형태를 변형할 것)

07 나는 그 책이 매우 유익하다고 여겼다.

(find / useful / I / book / very / the)

→ _____

08 그녀는 그 방을 따뜻하게 유지했다.

(keep / warm / room / she / the)

→ _____

대화 완성

[09~10] 대화를 읽고, 밑줄 친 우리말을 알맞게 영작하시오.
(단, 5형식 문장으로 쓸 것)

09

> A: Finally, I saw the movie!
> B: Wasn't it difficult to understand?
> A: <u>나는 그 영화가 이해하기 쉽다고 여겼어.</u>
>   (found, easy)

→ _____

to understand.

10

> A: Don't they look amused?
> B: Yes. And <u>당분간 그들을 즐거운 상태로 유지해 줘.</u> (keep, amused)

→ _____

for a while.

04 목적격 보어로 to부정사를 쓰는 동사 SVOC

빈출 유형　단어 배열

우리말과 일치하도록 주어진 말을 알맞게 배열하시오.

> 나는 그에게 내 집에 오지 말라고 부탁했다.
> (not / ask / him / come / to / to / my / I / house)

→ _____

 문장력 UP

주어 나(I)

동사 부탁했다(과거) → asked

어순 5형식 → …에게 ~하라고 부탁하다
S + V + O + OC(to부정사)

 필수 문법

| 1 | 동사 뒤에 목적어와 그 목적어를 설명하는 **목적격 보어로 to부정사**를 쓸 수 있어요.

I want <u>him</u> <u>to stay</u>. 나는 <u>그가 머물기</u>를 원한다.

I want <u>him</u> <u>not to stay</u>. 나는 <u>그가 머무르지 않기</u>를 원한다.

* to부정사의 부정은 앞에 not을 붙임

I asked <u>him</u> <u>to stay</u>. 나는 <u>그에게 머물라고</u> 부탁했다.

I told <u>him</u> <u>not to stay</u>. 나는 <u>그에게 머물지 말라고</u> 말했다.

* to부정사를 목적격 보어로 쓰면 '목적어가 ~하도록[하기를, 하라고] (동사)하다'라는 의미가 돼요.

| 2 | 목적격 보어로 <u>to부정사</u>를 취하는 동사를 알아 두세요.

동사	목적어	목적격 보어	의미	〈목적어-목적격 보어〉 관계
want			그가 머물기를 원하다	
tell			그에게 머물라고 말하다	
ask			그에게 머물라고 부탁[요구]하다	
order			그에게 머물라고 명령하다	him(목적어) → to stay
advise	him	to stay	그에게 머물라고 조언하다	그가 머무르다
expect			그가 머물기를 기대[예상]하다	
allow			그가 머물라고 허락하다	
get			그가 머물게 시키다	

빈출 유형 해결

해설

☑ '나는 그에게 부탁했다'를 보면 문장 자체는 과거 시제 긍정문으로 써야 하므로 I asked him을 써요.

☑ 목적어는 '그에게(him)', 목적격 보어는 '오지 말라고'이므로 to부정사 앞에 not을 붙여 not to come으로 써요.

☑ not to come 뒤에 '내 집에'를 to my house로 써요.

정답 I asked him not to come to my house.

단어 배열

[01~04] 우리말과 일치하도록 주어진 단어를 배열하시오.

(필요시 형태를 변형할 것)

01

> 나는 네가 내게 전화하기를 원했다.
>
> (wanted / call / you / me / I / to)

→ <u>I wanted me call to you.</u> (X)

 위의 오답에서 틀린 부분을 찾아 바르게 고쳐 주세요.

☑ 목적어   ☑ 목적격 보어의 형태

→ _____

💬👤 동사 '원하다(want)'의 대상인 목적어는 '너(you)'이며, want는 목적격 보어로 to부정사를 써야 해요.

02

> 그녀는 내가 그것을 보도록 허락하지 않았다.
>
> (to / allow / see / me / didn't / it / she)

→ _____

03

> 그는 내게 그녀에게 전화하지 말라고 말했다.
>
> (tell / call / her / he / me / to / not)

→ _____

💬👤 to부정사 목적격 보어가 부정의 의미일 때는 to 앞에 not을 써요.

04

> 나는 그들에게 일찍 떠나라고 조언했다.
>
> (advise / leave / them / early / to / I)

→ _____

오류 수정

[05~06] 어법상 틀린 부분을 찾아 고쳐 쓰시오.

05 He asked us to not come in.

_____ → _____

06 He wanted us not go on the trip.

_____ → _____

문장 완성

[07~08] 우리말과 일치하도록 주어진 말을 활용하여 문장을 완성하시오.

07 그는 내가 그것을 다시 쓰기를 원했다.

(rewrite, want)

→ He _____.

08 그녀는 내가 그녀를 믿을 거라고 기대했다.

(expect, believe)

→ She _____.

대화 완성

[09~10] 대화를 읽고, 밑줄 친 우리말을 알맞게 영작하시오.

(필요시 형태를 변형할 것)

09

> A: Don't be late!
> B: That's exactly what he told me.
> <u>그는 내게 다시는 늦지 말라고 말했어.</u>
> (tell, late, again)

→ He _____.

10

> A: Can I have this?
> B: That's Paul's. <u>그는 네가 그것을 가지도록 허락하지 않을 거야.</u> (allow, have, will)

→ He _____.

05 사역 동사의 목적격 보어 SVOC

빈출 유형 문장 전환

다음 문장을 주어진 동사를 사용하여 뜻이 같은 다른 문장으로 바꿔 쓰시오.

> She studied harder because of the exam.
> (make)

→ The exam _____.

> 📋 문장력 UP
>
> 주어 the exam(그 시험)
>
> 동사 ~하도록 만들었다(과거) → made
>
> 어순 5형식 → …이 ~하도록 만들었다
> S + V(사역 동사) + O + OC(원형부정사)

 | 1 | 사역 동사(목적어가 ~하게 하다)는 목적격 보어로 to 없는 원형부정사(동사원형)를 써요.

사역 동사	목적어	목적격 보어	의미	
make			그가 머물도록 만들다	시키다
have	him	stay	그가 머물게 하다	시키다
let			그가 머물게 하다	허락하다
*get		to stay	그가 머물게 하다	시키다

* get도 '…이 ~하도록 시키다'라는 의미가 있지만 목적격 보어로 to부정사를 써요.

| 2 | make는 목적격 보어로 명사, 형용사, 원형부정사를 모두 쓸 수 있어요.

사역 동사	목적어	목적격 보어	의미
make	him	a lawyer (명사)	그를 변호사로 만들다
		angry (형용사)	그를 화나게 만들다
		stay (원형부정사)	그를 머물도록 만들다

* make는 4형식 문장도 만들어요. (예: make him a cake 그에게 케이크를 만들어 주다)

| 3 | help(…이 ~하도록 돕다)는 목적격 보어로 to부정사나 원형부정사(동사원형)를 모두 써요.

I helped him (to) get up. 나는 그가 일어나는 것을 도왔다.   * to는 생략 가능

빈출 유형 해결

해설

☑ '그 시험이 그녀가 더 열심히 공부하도록 만들었다'라고 영작해야 해요.

☑ 주어, 동사, 목적어를 먼저 쓰면 The exam made her(목적어)가 되고, 그 뒤에 원형부정사를 목적격 보어로 해서 study harder를 써요.

☑ studied가 과거형이지만 목적격 보어로 쓸 때 원형으로 써야 하는 것에 주의하세요.

정답 made her study harder

[01~04] 다음 문장을 주어진 동사를 사용하여 뜻이 같은 <u>다른</u> 문장으로 바꿔 쓰시오.

01

> We buy more because of advertisements. (make)

→ _Advertisements made us to buy more._ (X)

😮 위의 오답에서 틀린 부분을 찾아 바르게 고쳐 주세요.

☑ 시제   ☑ 목적격 보어의 형태

→ _____

💬🧑 사역동사 make/have/let은 목적격 보어로 to가 없는 원형부정사(동사원형)를 써요.

02

> He turned off the lights and I didn't stop him. (let)

→ _____

03

> I did the laundry because of my mom's order. (make)

→ _____

04

> Chanho was moving some boxes. So I helped him. (help)

→ _____

[05~06] 어법상 틀린 부분을 찾아 고쳐 쓰시오.

05 He got us look at the sign.

_____ → _____

06 She made us to read it aloud.

_____ → _____

[07~10] Sumi가 지난주에 한 일에 대한 표를 보고, 주어진 동사를 사용하여 문장을 완성하시오.

Thursday	go grocery shopping
Friday	fold the laundry
Saturday	finish her homework
Sunday	clean the curtain

07 (make)

→ On Thursday, her mom _____

_____.

08 (have)

→ On Friday, her mom _____

_____.

09 (help)

→ On Saturday, her mom _____

_____.

10 (get)

→ On Sunday, her mom _____

_____.

06 지각 동사의 목적격 보어 SVOC

다음 두 문장을 한 문장으로 만드시오.

> • They knocked on the door.
> • She didn't hear it.

→ She _____.

> 문장력 UP
>
> 주어 그녀(she)
>
> 동사 didn't hear(듣지 못했다)
>
> 어순 5형식 → …이 ~하는 것을 듣다
> S + V(지각 동사) + O + OC

필수 문법

| 1 | '보다', '듣다', '느끼다' 등의 지각 동사는 목적격 보어로 원형부정사(동사원형) 또는 현재분사를 써요.

지각 동사	목적어	목적격 보어	의미
see			그가 들어오는 것을 보다
watch			그가 들어오는 것을 보다
notice	him	come in coming in	그가 들어오는 것을 눈치채다
hear			그가 들어오는 것을 듣다
feel			그가 들어오는 것을 느끼다

* 진행 중임을 강조할 때 지각 동사의 목적격 보어로 현재분사(V-ing)를 써요.

| 2 | 사역/지각 동사의 목적어와 목적격 보어가 수동 관계일 경우 과거분사를 목적격 보어로 써요.

[능동 관계] I had him clean the table. 나는 그가 탁자를 청소하게 했다. * 그가 탁자를 청소함 (능동)

[수동 관계] I had the table cleaned. 나는 탁자가 청소되도록 했다. * 탁자는 청소를 당함 (수동)
                         └→ 과거분사

| 3 | 자주 쓰이는 5형식 동사의 목적격 보어를 정리해서 기억해 두세요.

동사		목적격 보어
사역 동사	make, have, let	원형부정사
준사역 동사	get	to부정사
	help	원형부정사 / to부정사
지각 동사	see, watch, notice, hear, feel	원형부정사 / 현재분사
기타	want, tell, ask, expect, allow	to부정사

빈출 유형 해결

해설

☑ 주어진 두 문장을 한 문장으로 만들면 '그녀는 그들이 문에 노크하는 것을 듣지 못했다'로 써야 해요.

☑ 주어, 동사, 목적어를 She didn't hear them으로 쓰고, 그 뒤에 지각 동사의 목적격 보어로 원형부정사나 현재분사를 써요.

정답 didn't hear them knock[knocking] on the door

한 문장으로 쓰기

[01~04] 다음 두 문장을 한 문장으로 만드시오.

01
> • She was crying in the corner.
> • Jinsu saw it.

→ <u>Jinsu saw she to cry in the corner.</u>　　　(X)

위의 오답에서 **틀린** 부분을 찾아 바르게 고쳐 주세요.

☑ 목적어의 형태　　☑ 목적격 보어의 형태

→ _____

목적어 자리에는 목적격 대명사(her)를 써야 하며 지각 동사의 목적격 보어는 원형부정사(동사원형) 또는 현재분사(V-ing)를 써요.

02
> • Mike looked at Susan.
> • She was smiling.

→ Mike looked at _____.

03
> • They rang the bell.
> • But I didn't hear it.

→ I didn't hear _____.

04
> • Someone was following her.
> • She felt it.

→ She felt _____.

오류 수정

[05~06] 어법상 **틀린** 부분을 찾아 고쳐 쓰시오.

05 Her warm personality made her love by many people.

_____ → _____

06 I watched the bus disappeared into the distance.

_____ → _____

단어 배열

[07~08] 우리말과 일치하도록 주어진 말을 알맞게 배열하시오.

07 나는 그가 그의 아들에게 고함치고 있는 것을 봤다.
(saw / yell / I / him / his / at / son)

→ _____

08 나는 그들이 그 방을 떠나는 것을 눈치채지 못했다.
(notice / leave / them / I / room / didn't / the)

→ _____

대화 완성

[09~10] 대화를 읽고, 밑줄 친 우리말을 알맞게 영작하시오.

09
> A: Did he build a doghouse?
> B: Yes. <u>나는 그가 마당에서 그걸 짓고 있는 것을 봤어.</u> (see)

→ _____

10
> A: Did you know that she is sleeping?
> B: Actually, I did.
> <u>나는 그녀가 자고 있는 것을 눈치챘어.</u> (notice)

→ _____

중간고사·기말고사 실전문제

오류 수정
[01~05] 어법상 <u>틀린</u> 부분을 찾아 고쳐 쓰시오.

01 The music from outside was loudly.

_____ → _____

02 My parents expect me becoming a teacher.

_____ → _____

03 Emma bought to her dog a toy.

_____ → _____

04 Some people found the movie boringly.

_____ → _____

05 That apple pie looks amazingly.

_____ → _____

단어 배열
[06~10] 우리말과 일치하도록 주어진 말을 알맞게 배열하시오.

06
아빠는 지난주에 그의 차가 수리되도록 했다.
(his / repaired / car / last / week / had / dad)

→ My _____ .

07
그 제빵사는 그 빵을 부드럽게 만들었다.
(the / the / bread / baker / soft / made)

→ _____

08
엄마는 내가 거스름돈을 가지게 해 주셨다.
(me / let / keep / mom / the change)

→ _____

09
그녀는 그 이야기가 이상하다고 여겼다.
(the / found / story / she / strange)

→ _____

10
나는 그 정원사가 식물들에 물을 주는 것을 보고 있다. (the / the / plants / watering / I'm / watching / gardener)

→ _____

빈칸 쓰기
[11~15] 우리말과 일치하도록 주어진 말을 활용하여 빈칸에 알맞은 말을 쓰시오. (필요시 형태를 변형할 것)

11 그 선생님은 그를 교장실로 데려가셨다.
(took, the principal's office)

→ The teacher _____ _____ _____

_____ _____ _____.

12 그 간호사는 내가 기다리도록 했다. (make, wait)

→ The nurse _____ _____ _____.

13 Harry는 테니스 선수이다. (tennis player)

→ _____ _____ _____ _____

_____ .

14 Sean은 나에게 어려운 질문을 했다.

(ask, a difficult question)

→ _____ _____ _____ _____

_____ _____ .

15 그는 그녀에게 과일을 더 먹으라고 조언했다.

(advised, fruit, eat, more)

→ He _____ _____ _____ _____

_____ _____ .

문장완성
[16~20] 우리말과 일치하도록 주어진 말을 활용하여 문장을 완성하시오. (필요시 형태를 변형할 것)

16

우리의 방문이 그를 무척 행복하게 만들었다.
(our visit, very, happy)

→ _____

17

너는 걱정스러워 보인다. (worried, look)

→ _____

18

나는 작은 부엌을 가지고 있다.
(kitchen, small)

→ _____

19

그들은 그들의 아기를 Joy라고 이름 지었다.
(their, baby)

→ _____

20

대부분의 사람들은 그가 욕심이 많다고 생각한다. (most people, greedy, think)

→ _____

문장전환
[21~25] 다음 4형식 문장과 같은 의미가 되도록 3형식 문장으로 바꿔 쓰시오.

21 Kane gave her some flowers.

→ _____

22 My grandmother bought me a new outfit.

→ _____

23 My mom made me hot chocolate.

→ _____

24 She taught my brother the English alphabet.

→ _____

25 He lent me his umbrella.

→ _____

[26~30] 우리말을 조건에 맞게 영작하시오.

26
┌─ 조건 ─────────────────────────┐
- 7 단어로 쓸 것
- 원형부정사는 사용하지 말 것
- heard, footsteps, towards를 사용할 것
└────────────────────────────────┘

나는 내 방으로 걸어오는 발소리를 들었다.

→ _____

27
┌─ 조건 ─────────────────────────┐
- 8 단어로 쓸 것
- told, go to the hospital을 사용할 것
└────────────────────────────────┘

나는 그에게 병원에 가라고 말했다.

→ _____

28
┌─ 조건 ─────────────────────────┐
- 5 단어로 쓸 것
- 전치사를 사용하지 말 것
- bought, a dessert를 사용할 것
└────────────────────────────────┘

Greg는 나에게 디저트를 사 주었다.

→ _____

29
┌─ 조건 ─────────────────────────┐
- 7 단어로 쓸 것
- made, pay for the meal을 사용할 것
└────────────────────────────────┘

Ben은 내가 음식값을 내도록 만들었다.

→ _____

30
┌─ 조건 ─────────────────────────┐
- 5 단어로 쓸 것
- passion, keeps, excited를 사용할 것
└────────────────────────────────┘

나의 열정이 나를 계속 신나게 한다.

→ _____

[31~33] 다음 대화를 읽고, 괄호 안에 주어진 말을 바르게 배열하시오.

31
┌──────────────────────────────────────┐
A: When was the last time you wrote a
  letter?
B: Last year. _____
  Mother's Day.
  (my / I / mom / letter / a / wrote / for)
└──────────────────────────────────────┘

32
┌──────────────────────────────────────┐
A: What did you do before going to bed?
B: _____
  (a / book / I / my / to / read / sister /
  younger)
└──────────────────────────────────────┘

33
┌──────────────────────────────────────┐
A: To whom did you give your jacket?
B: _____
  (gave / I / jacket / John / my)
└──────────────────────────────────────┘

[34~37] 대화를 읽고, 밑줄 친 우리말을 알맞게 영작하시오.
(필요시 형태를 변형할 것)

34
┌──────────────────────────────────────┐
A: What is Emma doing?
B: 그녀는 기말고사 공부를 하고 있어.
  (for final exams, study)
└──────────────────────────────────────┘

→ _____

35
┌──────────────────────────────────────┐
A: What do the students call you?
B: 그들은 나를 Ms. Kelly라고 불러. (call)
└──────────────────────────────────────┘

→ _____

36

A: Let's eat the pizza before it gets cold!

B: Go ahead. <u>나는 너에게 물을 좀 가져다줄게.</u>

(get, some water)

→ I'll _____.

37

A: How many pets do you have?

B: I have three pets.

<u>그들 중 두 마리는 고양이야.</u> (two of them)

→ _____

38 다음 그림을 보고, 주어진 말을 알맞게 배열하시오.

(1)

(take notes / us / the teacher / had)

→ _____

(2)

(in the classroom / us / let / the teacher / lunch / eat)

→ _____

39 다음 Jisoo의 요청으로 가족이 한 일에 대한 표를 보고, 보기 와 같이 주어진 말을 활용하여 문장을 완성하시오.

┌ 보기 ├

Jisoo made her sister walk the dog. (made)

Father	clean the bathroom
Mother	make lunch
Brother	feed the dog

(1) Jisoo _____.

(got, father)

(2) Jisoo _____.

(asked, mother)

(3) Jisoo _____.

(had, brother)

40 대화를 읽고, 밑줄 친 ⓐ~ⓔ 중 어법상 틀린 부분 3개를 찾아 고쳐 쓰시오.

A: My birthday is coming and my parents allowed me ⓐ<u>have</u> a party at the house.

B: That's great! Do you want me ⓑ<u>come</u> to your party?

A: Of course I expect you ⓒ<u>to come</u>!

B: Thank you. Can you ⓓ<u>give me your address</u>?

A: Sure, Jessica, let me ⓔ<u>to write</u> you my address here.

	기호	틀린 부분	고친 내용
(1)			
(2)			
(3)			

CHAPTER

[09]
접속사

Unit 01 접속사 and, but, or, so

Unit 02 명령문, and / or

Unit 03 상관 접속사

Unit 04 부사절을 이끄는 접속사

Unit 05 명사절 1 – that절

Unit 06 명사절 2 – 의문사절 / if절 / whether절

CHAPTER 09
WORD LIST

• 이번 챕터에서 나올 어휘들을 미리 확인해 보세요.

☐	achieve	성취하다
☐	advice	충고, 조언 (동 advise)
☐	alone	혼자
☐	apologize	사과하다 (명 apology)
☐	bright	밝은
☐	cancel	취소하다
☐	chance	기회
☐	complain	불평하다
☐	correct	정확한, 옳은
☐	delivery service	배달 서비스
☐	make a mistake	실수하다
☐	matter	중요하다; 문제
☐	meow	(고양이가) 야옹(하고 울다)
☐	nursing	간호(학), 간호직
☐	on time	제시간에
☐	praise	칭찬하다, 찬양하다
☐	proud	자랑스러운
☐	reach	닿다, 도달하다
☐	regret	후회하다
☐	respect	존경하다
☐	stop by	~에 (잠시) 들르다
☐	strange	이상한
☐	sunrise	일출
☐	take off	(옷 등)을 벗다
☐	wonder	궁금해하다

Spelling 주의

• 쓸 때 철자에 주의해야 하는 단어들을 미리 익혀 두세요.

☐	affect	영향을 미치다
☐	calm	차분한, 침착한
☐	disappointed	실망한
☐	graduate from	~을 졸업하다
☐	lawyer	변호사
☐	scared	무서워하는, 겁먹은

01 접속사 and, but, or, so

UNIT

빈출 유형 **문장 완성**

우리말과 일치하도록 주어진 말을 활용하여 문장을 완성하시오.
(필요시 형태를 변형할 것)

> 그는 우리가 읽을 수 있도록 많은 책들을 가져왔다.
> (so, bring, read, can, books, many, that)

→ He _____.

 문장력 UP

주어 그(he)

동사 가져왔다(과거/긍정문) → brought

어순 S + V + O + so that ~
(…했다, ~할 수 있도록)

 | 1 | 등위 접속사(and, but, or)는 같은 종류의 말(단어와 단어, 구와 구, 절과 절)을 이어 줘요.

등위 접속사	의미	예문
but	그러나	He is short but strong. * 단어와 단어 연결 그는 키가 작지만 강하다.
and	그리고	I called Mr. Brown and asked a question. * 구와 구 연결 나는 Brown 씨에게 전화를 걸어 질문을 했다.
or	또는	You can wait here or come back later. * 구와 구 연결 여기서 기다리셔도 되고 나중에 오셔도 됩니다.
* so	그래서	She didn't want to cook, so she ordered a pizza. * 절과 절 연결 그녀는 요리하고 싶지 않아서 피자를 주문했다.

* 접속사 so는 절과 절만 연결해요.

| 2 | so를 이용한 표현 〈so + 형/부 + that절〉 '매우 ~해서 …하다'를 알아 두세요.

He's so tired that he can't get up. = He's too tired to get up.

그는 매우 피곤해서 일어날 수 없다.

He's so smart that he can solve it. = He's smart enough to solve it.

그는 매우 똑똑해서 그것을 풀 수 있다.

* 〈so ~ that절〉은 〈too ~ to V〉나 〈~ enough to V〉로 바꿔 쓸 수 있어요.

| 3 | so를 이용한 표현 〈so that ~〉 '~하도록'을 알아 두세요.

Call first so that I can get ready. 내가 준비할 수 있도록 전화 먼저 해.

She ordered a pizza so that we can eat. 그녀는 우리가 먹을 수 있도록 피자를 주문했다.

빈출 유형 해결

해설

☑ 시제가 과거이므로 주어, 동사, 목적어를 He brought many books로 써요.

☑ '~할 수 있도록'은 so that을 이용하여 so that we can read로 써요.

정답 brought many books so that we can read

실전 유형으로 PRACTICE

문장 완성

[01~04] 우리말과 일치하도록 주어진 말과 접속사를 활용하여 문장을 완성하시오. (필요시 형태를 변형할 것)

01
> 그녀는 슬퍼서 그녀의 아빠에게 전화를 했다.
> (sad, is, call, her dad)

→ She is so sad, she call her dad.

 위의 오답에서 틀린 부분을 찾아 바르게 고쳐 주세요.

☑ 시제 ☑ 접속사 so의 쓰임 및 자리

→ _____

시제는 모두 과거이므로 was와 called로 써야 하며, so는 접속사로 She is sad, so she ~와 같이 절과 절을 이어 주는 역할을 해요.

02
> 그곳에 정각에 도착할 수 있도록 그녀는 서둘렀다. (get, time, there, on, could)

→ She hurried up _____
_____ .

03
> 그는 너무 빨리 말해서 아무도 그를 이해하지 못했다.
> (understand, fast, no one, so, could)

→ He spoke _____
_____ .

〈so + 형/부 + that절〉은 '매우 ~해서 …하다'의 뜻이에요.

04
> 그 기차를 놓치지 않도록 30분 일찍 오세요.
> (miss, train, don't)

→ Come thirty minutes earlier _____
_____ .

오류 수정

[05~06] 어법상 틀린 부분을 찾아 고쳐 쓰시오.

05 He can come in or waiting in the car.

_____ → _____

06 She was too worried that she couldn't sleep at all.

_____ → _____

단어 배열

[07~08] 우리말과 일치하도록 주어진 말을 알맞게 배열하시오.
(단, 동사의 형태를 변형할 것)

07 나는 그를 방문해서 그것에 대해 불평했다.
(I / about / visit / it / and / him / complain)

→ _____

08 그는 그녀를 좋아하지 않지만 그녀를 초대했다.
(like / invite / he / her / her / but / doesn't)

→ _____

대화 완성

[09~10] 대화를 읽고, 밑줄 친 우리말을 알맞게 영작하시오.

> A: Can I help with anything?
> B: That would be nice.
>   Clean the floor **09** 내가 그 의자들을 그 위에 놓을 수 있도록. (put, it, chairs, on, the, so)
> A: You mean the whole floor?
> B: What's wrong?
> A: **10** 그 바닥이 너무 넓어서 나 혼자 그것을 할 수 없어.
>   (wide, alone, do, can, it, so)

09 _____

10 _____

02 명령문, and / or

빈출 유형　문장 완성

우리말과 일치하도록 주어진 말과 접속사를 활용하여 문장을 완성하시오.
(필요시 형태를 변형할 것)

> 그녀에게 카드를 보내라, 그렇지 않으면 그녀는 실망할 것이다.
> (disappointed, will, give, send, a card, is)

→ _____

 문장력 UP

주어 주어 없음(명령문) / 그녀(she)

동사 (명령문 / 미래)
→ 보내라(send) / ~일 것이다(will be)

어순 명령문 〈V + O(…에게) + O(~을)〉, or ~
(…해라, 그렇지 않으면 ~)

필수 문법

| 1 | 〈명령문, and ~〉를 쓰면 '…해라, 그러면 ~할 것이다'라는 의미가 돼요.

Be patient, and you will have a chance. 인내심을 가져라, 그러면 너는 기회가 있을 것이다.
Come before 2, and you can meet him. 2시 전에 와라, 그러면 너는 그를 만날 수 있을 것이다.
↳ 명령문 뒤에 콤마(,)를 쓰고 and를 써요.

| 2 | 〈명령문, or ~〉를 쓰면 '…해라, 그렇지 않으면 ~할 것이다'라는 의미가 돼요.

Be patient, or you won't have a chance. 인내심을 가져라, 그렇지 않으면 너는 기회가 없을 것이다.
Come before 2, or you can't meet him. 2시 전에 와라, 그렇지 않으면 너는 그를 만날 수 없을 것이다.
↳ 명령문 뒤에 콤마(,)를 쓰고 or를 써요.

| 3 | 명령문과 접속사 뒤에 나오는 문장의 관계를 생각하여 and와 or를 선택하세요.

Be nice to her, [and / ~~or~~] she will respect you. → 의미상 and
그녀에게 잘해라,　　그러면　　그녀는 너를 존경할 것이다.

Be nice to her, [~~and~~ / or] you will regret it. → 의미상 or
그녀에게 잘해라,　　그렇지 않으면 너는 그걸 후회할 것이다.

빈출 유형 해결

해설
☑ 명령문을 먼저 쓰면, '…에게 ~을 보내다'라는 의미의 4형식 문장 Send her a card가 돼요.
☑ '그렇지 않으면'이므로 〈명령문, or ~〉이며, '그녀는 실망할 것이다'는 미래 시제로 she will be disappointed로 써요.

정답 Send her a card, or she will be disappointed.

[01~04] 우리말과 일치하도록 주어진 말과 접속사를 활용하여 문장을 완성하시오. (필요시 형태를 변형할 것)

01

> 그들에게 친절해라, 그러면 그들이 너를 도울 것이다. (kind, them, to, will, is, help)

→ Kind to them, or they will help.   (X)

 위의 오답에서 **틀린** 부분을 찾아 바르게 고쳐 주세요.

☑ 접속사   ☑ 목적어의 유무

→ _____

💬 '친절해라'는 명령문으로 Be kind로 써야 해요. '그러면'은 〈명령문, and ~〉로 표현하고, help의 목적어인 you를 추가해야 해요.

02

> 10까지 세라, 그러면 넌 차분해질 것이다.
> (calm, will, to, count, are, ten)

→ _____

03

> 긴장하지 마, 그렇지 않으면 넌 실수를 할지 몰라. (might, a, nervous, be, make, don't, mistake)

→ _____

💬 '…해라, 그렇지 않으면 ~'은 〈명령문, or ~〉를 써서 표현해요.

04

> 시간을 잘 지켜라, 그럼 그가 널 칭찬할 것이다.
> (will, praise, on time, be)

→ _____

[05~06] 어법상 **틀린** 부분을 찾아 고쳐 쓰시오.

05 Keep thinking, or you'll find the answer.

_____ → _____

06 Be careful, and you will get hurt.

_____ → _____

[07~08] 다음 문장과 같은 의미가 되도록 명령문을 사용하여 문장을 바꿔 쓰시오.

07

> If you don't study hard, you will not pass the exam.

→ _____

08

> If you work hard, you can achieve your goal.

→ _____

[09~10] 다음 표를 보고, A와 B의 문장을 and 또는 or를 써서 연결하시오.

A	B
Stop eating junk food.	You will get fat.
Look on the bright side.	You will be happier.

09 Stop _____ .

10 Look _____ .

03 상관 접속사

빈출 유형 문장 완성

우리말과 일치하도록 주어진 말을 활용하여 문장을 완성하시오.

> 축구뿐만 아니라 다른 스포츠도 관람하기에 재미있다.
> (only, soccer also, fun, sports, other)

→ _____

to watch.

 문장력 UP

주어 축구뿐만 아니라 다른 스포츠도

동사 ~이다(be)
→ 다른 스포츠(복수)에 맞춰 are

어순 S + V + C(재미있는)

 필수 문법

|1| 서로 상관이 있는 것들을 묶어 주는 **상관 접속사**의 종류와 쓰임을 알아 두세요.

상관 접속사	의미	상관 접속사	의미
both A and B	A와 B 둘 다	not A but B	A가 아니라 B
either A or B	A 또는 B	not only A but (also) B	A뿐만 아니라 B도
neither A nor B	A도 B도 아닌	= B as well as A	A뿐만 아니라 B도

* not only A but also B는 B as well as A로 바꿔 쓸 수 있어요.

|2| 상관 접속사로 이루어진 말이 주어일 때, 주어와 동사의 **수일치**에 주의하세요.

상관 접속사	수일치	예문
both A and B	복수 취급	Both Tom and Sara <u>are</u> busy. Tom과 Sara 둘 다 바쁘다.
either A or B	B에 수일치	Either you or **she** <u>has</u> to go. 너 또는 그녀가 가야 한다.
neither A nor B		Neither his brothers nor **his sister** <u>knows</u> you. * 모른다(부정) 그의 형들도 여동생도 너를 모른다.
not A but B		Not Tom but **his parents** <u>have</u> a car. Tom이 아니라 그의 부모님이 차를 가지고 계신다.
not only A but (also) B		Not only Tom but also **his sisters** <u>are</u> coming. Tom뿐만 아니라 그의 여동생들도 올 것이다.
= B as well as A		= **His sisters** as well as Tom <u>are</u> coming.

빈출 유형 해결

해설

☑ 주어는 '축구뿐만 아니라 다른 스포츠도'이므로 not only soccer but also other sports라고 쓰면 돼요.

☑ '재미있다'는 be fun으로 쓰는데, be는 '다른 스포츠(복수)'에 맞춰서 are를 써요.

정답 Not only soccer but also other sports are fun

문장 완성
[01~04] 우리말과 일치하도록 주어진 말을 활용하여 문장을 완성하시오.

01
> 나의 친구들뿐 아니라 나의 여동생도 그를 알고 있어요. (know, as, sister, well, friends)

→ <u>My friends as well as my sister know him.</u>

👤 위의 오답에서 **틀린** 부분을 찾아 바르게 고쳐 주세요.

　　☑ as well as 앞뒤에 쓸 말　　☑ 동사의 수일치

→ _____

💬👤 '나의 친구들뿐 아니라'는 〈as well as + 나의 친구들(my friends)〉과 같이 써야 하며, '나의 여동생(my sister)'이 실질적 주어로 이에 동사를 수일치시켜요.

02
> 영어와 수학 둘 다 어렵다.
> (English, math)

→ _____ difficult.

03
> Paul도 그의 부모님도 차를 가지고 있지 않다.
> (parents, neither)

→ _____ a car.

💬👤 'A도 B도 아닌'은 neither A nor B로 표현해요. 부정의 뜻을 가지고 있으므로 동사는 부정으로 쓰지 않아요.

04
> 그녀의 친구들이 아니라 Sara가 사과해야 한다.
> (have to)

→ _____ apologize.

오류 수정
[05~07] 어법상 **틀린** 부분을 찾아 고쳐 쓰시오.

05 Both Miho and I am on the team.

_____ → _____

06 Either Sam or his sisters buys the groceries.

_____ → _____

07 Neither I nor Jim doesn't have enough money.

_____ → _____

도표 영작
[08~10] 다음 표를 보고, 보기 의 접속사를 활용하여 문장을 완성하시오. (단, 한 번씩만 쓸 것)

Chinese Restaurant	Ching	Jinsi
serves dumplings for free		
offers a free delivery service	✓	✓
gives a 5%-off coupon	✓	

보기
> not ~ but ...　　　neither ~ nor ...
> not only ~ but also ...

08 _____
a free delivery service.

09 _____
a 5%-off coupon.

10 _____
dumplings for free.

04 부사절을 이끄는 접속사

우리말과 일치하도록 If나 Unless를 사용하여 문장을 완성하시오.

> 내일 비가 온다면, 나는 도서관에 갈 것이다.

→ _____,

　　　I will go to the library.

 문장력 UP

주어 비인칭 주어 it(날씨)

동사 비가 오면(부사절의 미래) → rains(현재)

어순 접속사(If)＋S＋V＋나머지 말, ～

| 1 | 부사절은 〈접속사 + 절〉의 형태로 문장에서 부사의 역할을 하며, 문장 앞이나 뒤에 써요.

We were sleeping when she came back. 그녀가 돌아왔을 때, 우리는 자고 있었다.

= When she came back, we were sleeping.
　　 └→ 부사절　　　　　　　 └→ 주절

| 2 | 부사절을 이끄는 접속사의 종류와 그 의미를 잘 알아 두세요.

시간	when ～할 때　　while ～하는 동안　　until[till] ～할 때까지　　as soon as ～하자마자 as ～하면서　　before ～ 전에　　after ～ 후에　　since ～ 이후로
이유	because / since / as ～하기 때문에
조건	if (만약) ～이라면　　unless (만약) ～이 아니라면 (= if ～ not)
양보	although / though / even though 비록 ～일지라도

* 두 가지 의미로 쓰이는 접속사에 유의하세요.
- since: 시간(～ 이후로), 이유(～하기 때문에)
- as: 시간(～하면서), 이유(～하기 때문에)

| 3 | 시간이나 조건을 나타내는 부사절의 동사는 미래에 일어날 일이라도 현재 시제로 써요.

[시간 부사절] I will wait here until she comes. 그녀가 올 때까지, 나는 여기서 기다릴 것이다.
　　　　　　　　　　　　 └→ 시간 부사절

[조건 부사절] I will call you if she comes. 그녀가 오면, 내가 너에게 전화할 것이다.
　　　　　　　　　　　　 └→ 조건 부사절

빈출 유형 해결

해설
- ☑ 부사절 '내일 비가 온다면'을 영작하는 것이므로 접속사는 if를 쓰고 날씨에 쓰는 비인칭 주어 it을 써요.
- ☑ 부사절의 미래는 현재 시제로 표현하므로 If it rains와 같이 쓰며, 그 뒤에 나머지 말 tomorrow를 써요.

정답 If it rains tomorrow

문장완성
[01~04] 우리말과 일치하도록 접속사를 사용하여 문장을 완성하시오.

01

> 더 빨리 걷지 않는다면, 너는 늦을 것이다.
> (walk faster)

→ _If you will walk faster_ , you will be late.

👤 위의 오답에서 **틀린 부분**을 찾아 바르게 고쳐 주세요.

☑ 부사절 접속사　　☑ 부사절의 시제

→ _____, you will be late.

💬🔍 '~이 아니라면'은 unless나 if ~ not으로 표현해요. 부사절의 미래는 현재 시제로 표현하므로 will을 쓰지 않아요.

02

> 네가 저녁을 준비할 동안 나는 식탁을 준비할게.
> (prepare, dinner)

→ _____, I will set the table.

03

> 그는 오자마자, 화장실로 뛰어들어갔다.
> (come)

→ _____, he ran into the bathroom.

04

> 비록 그는 키가 크지만, 농구를 잘하지 못한다.
> (tall)

→ _____, he can't play basketball well.

오류수정
[05~07] 밑줄 친 부분을 어법에 맞게 고쳐 쓰시오.

05 <u>Unless</u> you are free, come and join us.

→ _____

06 <u>Though</u> he is tall, he can reach the shelf.

→ _____

07 Dan will be disappointed if he <u>will see</u> this.

→ _____

도표 영작
[08~10] 다음 Jinhee의 미래에 대한 계획표를 보고, 주어진 접속사와 부사절을 활용하여 문장을 완성하시오.

Age	Jinhee's Plan for the Future
24	• graduate from college • go to America
25	• study history more
29	• come back to Korea • teach at a university

08 _____ from college, she _____ to America. (after)

09 _____ years old, she _____ history more. (when)

10 _____ back to Korea, she _____ at a university. (as soon as)

05 명사절 1 that절

빈출 유형 단어 배열

우리말과 일치하도록 주어진 말을 알맞게 배열하시오.

> 그들은 내가 그 경기를 이겼다고 생각했다.
> (thought / I / the game / won / they / that)

→ _____

문장력 UP

주어 그들(they)

동사 생각했다(과거) → thought

어순 S + V + O(명사절)

| 1 | 명사절은 하나의 절 앞에 접속사 that을 붙여서 만들어요.

[하나의 절로 된 문장] He likes movies. 그는 영화를 좋아한다.

⇩

[명사절] that he likes movies 그가 영화를 좋아한다는 것

⇩

[문장 속 명사 역할] We know that he likes movies. 우리는 그가 영화를 좋아한다는 것을 안다.
└→ 하나의 절 자체가 하나의 명사(목적어) 역할을 해요.

| 2 | 명사절이란 문장에서 명사 역할을 하는 절로 주어, 보어, 목적어 자리에 쓸 수 있어요.

[주어 자리] That he likes movies is true. 그가 영화를 좋아한다는 것은 사실이다.

[보어 자리] The problem is that he likes movies. 문제는 그가 영화를 좋아한다는 것이다.

[목적어 자리] We know that he likes movies. 우리는 그가 영화를 좋아한다는 것을 안다.

* 주어 자리에 쓰이는 명사절(that절)은 단수 취급해요.

| 3 | 명사절은 목적어 자리에 많이 쓰며, 이때 that을 생략하기도 해요.

I think (that) she knows me. 나는 그녀가 나를 안다고 생각한다.

I believe (that) he is honest. 나는 그가 정직하다는 것을 믿는다.

I hope (that) you have a nice day. 나는 네가 좋은 하루를 보내길 바란다.

빈출 유형 해결

해설

☑ 우선 주어와 동사를 They thought로 쓰고, 목적어는 '내가 경기를 이겼다'라는 절이므로 명사절로 만들기 위해 앞에 that을 붙여요.

☑ 목적어로 쓰인 that절(명사절)의 that은 생략 가능함을 알아 두세요.

정답 They thought that I won the game.

단어 배열

[01~04] 우리말과 일치하도록 주어진 단어를 알맞게 배열하시오.

01

> 나는 네가 곧 기분이 나아지기를 바란다. (feel / you / I / better / that / hope / soon)

→ ___I hope you feel that soon better.___ (X)

👤 **위의 오답에서 틀린 부분을 찾아 바르게 고쳐 주세요.**

☑ 접속사의 위치   ☑ 부사의 위치

→ _____

💬👤 접속사 that은 절 앞에 써요. feel better는 〈감각 동사＋better (형용사)〉를 먼저 쓰고 부사 soon은 문장의 끝에 써요.

02

> 그가 한국인인 것이 우리를 자랑스럽게 만든다. (Korean / us / is / that / makes / he)

→ _____ proud.

03

> 사실은 네가 거기에 없었다는 것이다. (were / you / not / that / is / there / the fact)

→ _____

04

> 그가 내게 전화하지 않은 게 날 신경 쓰이게 한다. (bothers / call / he / that / me / not / did)

→ _____ me.

문장 완성

[05~06] 우리말과 일치하도록 주어진 말을 활용하여 문장을 완성하시오.

05 그가 오지 않았다는 건 그가 아팠다는 것을 의미한다.

(come, sick)

→ _____ means

_____ .

06 그들이 친구라는 것은 중요하지 않다. (friends)

→ _____ matter.

💬👤 명사절(that절)이 주어 자리에 쓰일 때는 단수 취급하므로 동사 matter의 부정은 don't가 아닌 doesn't로 써요.

한 문장으로 쓰기

[07~08] 다음 두 문장을 that을 활용하여 주어진 우리말과 같은 의미의 한 문장으로 만드시오.

07

> • Do you think so?
> • We can make it by 7 o'clock.

→ _____

(너는 우리가 7시까지 갈 수 있다고 생각해?)

08

> • There was a big fight.
> • Did you know that?

→ _____

(너는 큰 싸움이 있었다는 것을 알았니?)

대화 완성

[09~10] 대화를 읽고, 밑줄 친 우리말을 알맞게 영작하시오.

> A: Isn't this dress pretty? What do you think?
> B: **09** 나는 그 드레스가 예쁘다고 생각해.
> A: Great! Now I am ready to enjoy the party. Don't you hope so?
> B: **10** 나는 네가 그 파티를 즐기길 바란다.

09 _____

10 _____

06 명사절 2 의문사절 / if절 / whether절

빈출 유형 | 한 문장으로 쓰기

다음 두 문장을 한 문장으로 만드시오.

- How long did it take?
- Could you tell me?

> 문장력 UP
>
> 주어 너(you)
>
> 동사 …에게 ~을 말해 주다 → tell
>
> 어순 Could you tell + O(나에게) + O(~을)
> * '~을' → 얼마나 걸렸는지를

→ _____

|1| <u>의문문을 평서문 어순으로 쓰면 명사절이 되며, 문장에서 하나의 명사로 쓸 수 있어요.</u>

[의문문] Who are they? 그들은 누구니? * 의문문 어순

⇩

[명사절] who they are 그들이 누구인지 * 평서문 어순

⇩

[문장 속 명사 역할] I don't know who they are. 나는 그들이 누구인지를 모른다.
└→ 목적어 역할을 하는 명사절

|2| <u>의문사절을 써서 '~인지 말해 줘', '~인지 궁금해'와 같이 쓰면 간접 의문문이 돼요.</u>

직접 의문문 (의문사 의문문 어순)	간접 의문문 (평서문 어순)
Where did you stay? 너는 어디에 묵었니?	Tell me where you stayed. 네가 어디 묵었는지 내게 말해 줘.
	I wonder where you stayed. 네가 어디 묵었는지 궁금해.

|3| <u>의문사가 없는 의문문은 if나 whether를 써서 간접 의문문을 만들어요.</u>

직접 의문문 (의문문 어순)	간접 의문문 (평서문 어순)
Did you stay here? 너는 여기에 묵었니?	Tell me if you stayed here. 네가 여기 묵었는지 내게 말해 줘.
	I wonder whether you stayed here. 네가 여기 묵었는지 궁금해.

* if절이 부사절일 때는 '만약 ~이라면'의 의미이고, 명사절일 때는 '~인지 (아닌지)'의 의미예요.

빈출 유형 해결

해설
- ☑ Could you tell me를 그대로 쓰고, 그 뒤에 tell의 직접 목적어인 '얼마나 걸렸는지를'을 써야 해요.
- ☑ 의문문인 How long did it take?를 명사절로 만들면 How long it took가 되며, 이를 그대로 직접 목적어 자리에 써요.

정답 Could you tell me how long it took?

정답과 해설 · 22쪽

한 문장으로 쓰기

[01~04] 다음 두 문장을 한 문장으로 만드시오.

01

- Did he arrive on time?
- I want to know.

→ I want to know that did he arrive on time. (X)

위의 오답에서 틀린 부분을 찾아 바르게 고쳐 주세요.

☑ 접속사　　☑ 명사절의 어순과 시제

→ _____

의문사가 없는 간접 의문문은 if[whether]를 써서 '~인지 (아닌지)'라는 의미로 만들어요. 명사절은 평서문의 어순으로 써요.

02

- When did he come back?
- Do you know?

→ _____

03

- Do you have his number?
- You can tell me.

→ _____

04

- How much would it cost?
- I was wondering.

→ _____

오류 수정

[05~06] 우리말과 일치하도록 주어진 말을 활용하여 문장을 완성하시오.

05 Can you tell me what is her name?

_____ → _____

06 Whether does she come won't affect the result.

_____ → _____

단어 배열

[07~08] 우리말과 일치하도록 주어진 말을 알맞게 배열하시오.

(단, 동사의 형태를 변형할 것)

07 Somi는 자신이 지금 떠날 수 있는지를 모른다.

(leave / know / if / doesn't / she / now / can)

→ Somi _____.

08 그는 자신이 파이를 좀 먹을 수 있는지 궁금해하고 있다.

(eat / wondering / can / is / he / pie / whether / some)

→ He _____.

대화 완성

[09~10] 대화를 읽고, 밑줄 친 우리말을 알맞게 영작하시오.

Mom: Sumi, can you go to the grandma's house and pick up some food?

Sumi: Sure. But I need to finish my homework first.

Mom: **09** 네가 그것을 언제 끝낼 것인지 내게 말해 줘. (what time, will, tell)

Sumi: I'm not sure.

Mom: **10** 8시까지 네가 그것을 끝낼 수 있는지 궁금하구나. (wonder, by, o'clock)

Sumi: I'm sure I will be done by then.

09 _____

10 _____

중간고사·기말고사 실전문제

오류 수정

[01~05] 어법상 틀린 부분을 찾아 고쳐 쓰시오.

01 Both Kate and Robert is a good student.

_____ → _____

02 I don't know where does he live.

_____ → _____

03 Not only the students but also the teacher are happy about the results.

_____ → _____

04 Don't run too fast, and you'll get hurt.

_____ → _____

05 Neither Amy nor her sisters is nice to me.

_____ → _____

단어 배열

[06~10] 우리말과 일치하도록 주어진 말을 알맞게 배열하시오.

06
> 나는 그녀가 내 전화를 받을 거라고 생각한다.
> (I / that / think / answer / she'll)

→ _____ my call.

07
> 우리가 이길 거라는 것은 확실하다.
> (will / we / certain / that / win / is)

→ _____

08
> 불꽃놀이 쇼는 해가 진 후 시작했다.
> (started / the sun / went down / after)

→ The fireworks show _____

_____.

09
> 네가 Jake에 대해 아무것도 모른다는 것은 이상하다. (about / nothing / Jake / is / that / you know / strange)

→ _____

10
> 나는 네가 실수하고 있다고 생각한다.
> (think / you / a / are / I / mistake / making)

→ _____

빈칸 쓰기

[11~15] 우리말과 일치하도록 주어진 말과 접속사를 활용하여 빈칸에 알맞은 말을 쓰시오.

11 나는 내 대답이 정확한지 궁금하다.
(wonder, answer, correct)

→ _____ _____ _____

_____ _____ _____.

12 만약 네가 너무 무거운 상자들을 옮긴다면 너는 너의 허리를 다칠지도 몰라. (hurt, back, carry)

→ You may _____ _____ _____

_____ _____ _____ too heavy

boxes.

13 내가 집에 왔을 때, 나의 개는 내 다리로 뛰어올랐다.
(came home, dog)

→ _____ _____ _____ _____,
_____ _____ jumped up onto my
leg.

14 나는 엄마가 저녁 식사를 준비하는 동안 내 남동생과
놀았다. (played with, brother, cooked dinner)

→ I _____ _____ _____ _____
_____ my mom _____ _____.

15 나는 소리를 내지 않도록 내 신발을 벗었다.
(took off, shoes)

→ _____ _____ _____ _____
_____ _____ _____ I would not
make any noise.

[16~20] 우리말과 일치하도록 주어진 말과 접속사를 활용하여
문장을 완성하시오.

16 나의 집은 크지도 작지도 않다. (big, small)

→ _____

17 Joe와 Roy 둘 다 변호사가 되었다.
(became, lawyers)

→ _____

18 나는 노래하는 것을 좋아하고 Nick은 춤추는
것을 좋아한다. (like, singing, dancing)

→ _____

19 만약 네가 일찍 일어나지 않으면, 너는 일출을
놓칠 것이다.
(get up early / miss the sunrise / unless)

→ _____

20 네가 어떻게 그를 아는지 나에게 말해 줘.
(know, how)

→ _____

[21~25] 괄호 안의 표현 중 가장 알맞은 것을 골라 완전한 문장
으로 다시 쓰시오.

21 We canceled the trip (even though / because
/ if) it rained a lot.

→ _____

22 (Even though / Until / Since) I arrived early,
there was a long line of people.

→ _____

23 (As soon as / Until / As) I finish my homework,
I can't go out.

→ _____

24 (Although / Since / Unless) you are my friend,
I will help you.

→ _____

25 (As / Unless / Though) the weather was nice, he walked to the park.

→ _____

한 문장으로 쓰기

[26~30] 다음 두 문장을 보기 와 같이 한 문장으로 만드시오.

보기
- Could you tell me?
- When is the meeting?
→ Could you tell me when the meeting is?

26 · Do you remember?
- When did we first meet?

→ _____

27 · Tell me.
- What do you do in your free time?

→ _____

28 · I wonder.
- Is he from Canada?

→ _____

29 · Could you show me?
- Where is the bathroom?

→ _____

30 · Could you tell me?
- What time is it?

→ _____

대화 완성

[31~33] 대화를 읽고, 주어진 말을 알맞게 배열하여 대화를 완성하시오.

31
> A: I called Sara many times but she didn't answer. I'm worried about her.
> B: Don't worry. _____
> _____
> (she / think / left / I / at home / her phone)

32
> A: You can use my alarm clock if you want.
> B: Thanks. _____
> _____ (me / you / show / can / I / set / can / how / the time)

33
> A: I still can't believe that she lied.
> B: _____ fact.
> (is / lied / that / a / she)

[34~37] 대화를 읽고, 밑줄 친 우리말을 알맞게 영작하시오.

34
> A: What will you study in college?
> B: <u>나는 다른 사람을 도울 수 있도록 간호학을 공부할 거야.</u> (nursing, help others, that)

→ _____

35
> A: <u>소리 지르는 것을 멈춰, 그렇지 않으면 나는 떠날 거야.</u> (yelling, leave)
> B: Okay, I'll stop. Don't leave.

→ _____

36

A: Why don't you give him some advice?

B: <u>문제는 그가 내 말을 안 듣는다는 거야.</u>

(me, the problem, listen to)

→ _____

37

A: Is there anything I should do before I leave?

B: Yes. <u>네가 떠나기 전에 내 사무실에 들러.</u>

(stop by, office, leave)

→ _____

38 다음 그림을 보고, 주어진 단어를 알맞게 배열하시오.

(1)

(the ice cream / it / too quickly / hot / melts / is / that / so)

→ _____

(2)

(go / to / I / early / bed / so / can / I / get / that / enough sleep)

→ _____

39 다음 표를 보고, 보기 의 상관 접속사를 활용하여 문장을 완성하시오.

Name	Hobby 1	Hobby 2
Minji	play the piano	play soccer
Heejin	play the flute	play soccer
Taeho	play the piano	play basketball

보기

both   either   neither

as well as   not only but also

(1) _____ Minji _____ Taeho _____ the piano in their free time.

(2) Heejin _____ _____ _____ Minji _____ _____ in her free time.

(3) Taeho _____ _____ plays the piano _____ _____ plays basketball.

40 다음 글의 밑줄 친 ⓐ~ⓔ 중 어법상 틀린 부분 3개를 찾아 고쳐 쓰시오.

Lucy looked out the window when she heard a cat meowing. ⓐ<u>As soon as</u> she looked out, she saw a beautiful black-striped cat sitting under the tree.

ⓑ<u>While</u> the cat looked hungry, Lucy took the bowl filled with milk and put it outside the window. ⓒ<u>Unless</u> the cat looked scared, it came over and began drinking the milk. ⓓ<u>Until</u> the cat drank all of the milk, it quietly turned around and left. Lucy hoped ⓔ<u>that</u> she would see the cat again some day.

	기호	틀린 부분	고친 내용
(1)			
(2)			
(3)			

10

관계대명사

Unit 01 주격 관계대명사 – who / which / that

Unit 02 목적격 관계대명사 – who(m) / which / that

Unit 03 소유격 관계대명사 whose

Unit 04 관계대명사 what

• 이번 챕터에서 나올 어휘들을 미리 확인해 보세요.

☐ artist   예술가
☐ audition   오디션
☐ be made of   ~으로 만들어지다
☐ beach   해변
☐ blood pressure   혈압
☐ boots   장화, 부츠 (항상 복수형)
☐ break down   고장 나다
☐ cicada   매미
☐ diplomat   외교관
☐ cousin   사촌
☐ curly   곱슬곱슬한
☐ dirty   더러운
☐ flea market   벼룩시장
☐ glasses   안경 (항상 복수형)
☐ hill   언덕
☐ hobby   취미
☐ insect   곤충
☐ lap   무릎
☐ mine   나의 것
☐ nature   자연
☐ race   경주, 달리기
☐ trust   신뢰(하다), 신임(하다)
☐ underground   땅속
☐ upset   속상한, 마음이 상한
☐ wave at   ~에게 손을 흔들다

Spelling 주의

• 쓸 때 철자에 주의해야 하는 단어들을 미리 익혀 두세요.

☐ believe   믿다
☐ career   직업, 경력
☐ experience   경험(하다)
☐ mayor   시장, 군수
☐ scary   무서운, 겁나는
☐ unique   독특한

01 주격 관계대명사 who / which / that

빈출 유형 **그림 영작**

다음 그림을 보고, 주어진 말과 관계대명사를 활용하여 문장을 완성하시오.
(단, that은 사용하지 말 것)

축구를 하는 두 소년이 있다. (play, soccer)

→ There _____.

 문장력 UP

주어 두 소년(복수)

동사 있다(There be/긍정문) → are

어순 There are + S(명사) + 관계사절

필수 문법

| 1 | 두 개의 문장에 서로 같은 명사가 있을 때, 두 문장을 하나의 문장으로 쓸 수 있어요.

The girl is my sister.   She is crying.

→ The girl who is crying is my sister. 울고 있는 그 소녀는 내 여동생이다.
⤷ 두 문장을 이어 주는 접속사의 역할 + she라는 주격 대명사의 역할

| 2 | 이렇게 접속사와 주격 대명사 역할을 하는 말을 주격 관계대명사라고 해요.

He bought a shirt.   It was made of silk.

→ He bought a shirt which was made of silk. 그는 실크로 만들어진 셔츠를 샀다.
선행사(명사) ←   ⤷ 주격 관계대명사: 〈접속사 + 주격 대명사(it)〉

| 3 | 선행사(명사)가 사람이면 who, 그 외에는 which를 쓰고, that은 둘 다에 쓸 수 있어요.

선행사	사물 (a shirt)	사람 (a girl)
예문	He bought a shirt which was made of silk. = that	He saw a girl who was crying. = that
해석	그는 실크로 만들어진 셔츠를 샀다.	그는 울고 있는 한 소녀를 보았다.

* 관계대명사가 이끄는 절은 관계대명사절, 또는 선행사(명사)를 수식한다고 하여 형용사절이라고 불러요.

빈출 유형 해결

해설
☑ '~이 있다'는 〈There be + 주어〉 구문으로 영작해요. 주어(두 소년)가 복수이므로 There are two boys라고 써요.
☑ '축구를 하는'은 선행사(사람) two boys를 수식하는 말로, 관계대명사 who 또는 that을 쓰고 뒤에 are playing soccer를 써요.
☑ that을 쓰지 않는 조건이 있으므로 who로 써요.

정답 There are two boys who are playing soccer.

그림 영작

[01~04] 다음 그림을 보고, 주어진 말과 관계대명사를 활용하여 문장을 완성하시오.

01

벤치 위에 자고 있는 고양이가 있다. (sleep, a bench)

→ There is cat who are sleeping on a bench.   (X)

👶 위의 오답에서 틀린 부분을 찾아 바르게 고쳐 주세요.

   ☑ 셀 수 있는 명사의 관사   ☑ 관계대명사와 수일치

→ _____

💬🧑 cat은 한 마리이므로 a cat, 사람이 아닌 것의 관계대명사는 which[that]를 쓰고, 관계대명사절 동사는 선행사와 일치시켜요.

02

너는 저쪽에서 뛰고 있는 그 소녀를 아니? (know, run)

→ _____ over there?

03

이 정원에서 자라는 꽃들은 아름답다.

(grow, garden, beautiful, in)

→ The flowers _____ .

04

그는 개와 놀고 있는 그 소녀를 그렸다. (play with)

→ He painted _____ .

오류 수정

[05~06] 어법상 틀린 부분을 찾아 고쳐 쓰시오.

05 I met a movie star which was in the movie *Iron man.*

_____ → _____

06 I found a doll who is wearing glasses.

_____ → _____

💬🧑 선행사가 사물(a doll)임에 유의하세요.

단어 배열

[07~08] 우리말과 일치하도록 주어진 말을 알맞게 배열하시오.

(필요시 형태를 변형할 것)

07

> 나는 다른 사람들을 돕는 사람이 되기를 원한다.
> (others / person / who / a / be / want / help / to / I)

→ _____

08

> 이것은 당신의 혈압을 확인하는 앱이다.
> (app / blood pressure / this / that / an / is / check / your)

→ _____

도표 영작

[09~10] 다음 표를 보고, 문장을 완성하시오.

이름	직업	특징
Mr. Jo	a chef	He works in a hotel.
Ms. Park	a dentist	She checks my teeth.

09 Mr. Jo is _____ .

10 Ms. Park is _____ .

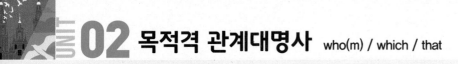

02 목적격 관계대명사 who(m) / which / that

빈출 유형 한 문장으로 쓰기

다음 두 문장을 관계대명사를 활용하여 한 문장으로 만드시오.

(단, that은 사용하지 말 것)

> • The bus goes to the mall.
> • It starts from here.

→ _____

문장력 UP

주어 여기서 출발하는 그 버스

동사 가다(현재/긍정문) → goes

어순 S(명사) + 관계사절 + V + 나머지 말
* 그 버스 + ~하는

|1| 두 개의 문장에 서로 같은 명사가 있을 때, 두 문장을 하나의 문장으로 쓸 수 있어요.

The girl is my sister.   You met her yesterday.

→ The girl whom you met yesterday is my sister. 네가 어제 만난 그 소녀는 내 여동생이다.
    └→ 두 문장을 이어 주는 접속사의 역할 + her라는 목적격 대명사의 역할

|2| 이렇게 접속사와 목적격 대명사 역할을 하는 말을 목적격 관계대명사라고 해요.

The shirt got dirty.   I like it.

→ The shirt which I like got dirty. 내가 좋아하는 그 셔츠는 더러워졌다.
  선행사 ←┘   └→ 목적격 관계대명사: 〈접속사 + 목적격 대명사(it)〉

|3| 선행사(명사)가 사람이면 who(m), 그 외에는 which를 쓰고, that은 둘 다에 쓸 수 있어요.

선행사	사물 (a shirt)	사람 (a girl)
예문	The shirt which I like got dirty. = that	He found a girl who(m) I know. = that
해석	내가 좋아하는 그 셔츠는 더러워졌다.	그는 내가 아는 한 소녀를 발견했다.

* 목적격 관계대명사는 생략 가능하며, 이때 어디까지가 관계대명사절인지를 잘 파악해야 해요.

The boy you met the other day is here again. 네가 저번에 만났던 그 소년이 다시 여기에 왔다.
     └→ 관계대명사절의 동사 └→ 문장의 동사

빈출 유형 해결

해설

☑ 두 문장에서 공통적인 부분은 the bus와 대명사 It이므로 The bus가 선행사예요.

☑ that을 쓰지 않는 조건이 있고 사물 선행사이므로 which를 사용해서 The bus which starts from here로 써요.

☑ 관계대명사의 수식을 받는 주어 뒤에는 나머지 말을 그대로 쓰면 돼요.

정답 The bus which starts from here goes to the mall.

[01~04] 다음 두 문장을 관계대명사를 활용하여 한 문장으로 만드시오.

01
> • My sister knows the boy.
> • You were talking to him.

→ My sister who you were talking to him
knows the boy.   (X)

👤 위의 오답에서 **틀린** 부분을 찾아 바르게 고쳐 주세요.

☑ 선행사 선택   ☑ 목적격 대명사 삭제

→ _____

💬👤 두 문장에 서로 같은 명사는 the boy와 him으로, 선행사를 the boy로 하고 그 뒤에 who(m)를 써요. 관계대명사 who(m)가 대명사 him을 대신하므로, him을 다시 쓰지 않아요.

02
> • I gave her the bag.
> • I bought the bag at the mall.

→ _____

💬👤 선행사가 the bag이므로 관계대명사는 which나 that을 써요. 관계대명사가 the bag을 대신하므로 다시 쓰지 않아요.

03
> • The car broke down.
> • He drives the car to work.

→ _____

04
> • The teacher praised me.
> • I like the teacher the most.

→ _____

[05~06] 어법상 틀린 부분을 찾아 고쳐 쓰시오.

05 The singer whom you talked about him was on TV the other night.

_____ → _____

06 Let's give Mom the ring whom we made the other day.

_____ → _____

[07~08] 우리말과 일치하도록 주어진 말을 알맞게 배열하시오.
(단, 동사의 형태를 변형할 것)

07 네가 원하던 그 신발은 다 팔렸다. (shoes / out / that / were / wanted / the / you / sold)

→ _____

08 나는 네가 내게 가져다준 그 음식이 좋았다.
(loved / you / that / I / the / brought / food)

→ _____

[09~10] 대화를 읽고, 밑줄 친 우리말을 관계대명사를 사용하여 알맞게 영작하시오. (단, 동사의 형태를 변형할 것)

09
> A: Did you say hi to that person?
> B: I did. Why?
> A: <u>나는 네가 인사한 그 사람을 알아.</u> (know)

→ _____

10
> A: You got that bag at the flea market. Right?
> B: Yes. How did you know that?
> A: <u>내 고모가 너에게 네가 산 그 가방을 팔았어.</u>
> (sell, buy)

→ _____

03 소유격 관계대명사 whose

빈출 유형 **문장 완성**

우리말과 일치하도록 주어진 말과 관계대명사를 활용하여 문장을
완성하시오. (필요시 형태를 변형할 것)

> 이름이 Ben인 유명한 배우가 여기 머물렀다.
> (actor, famous, name, stay, a, is)

→ _____

　　　here.

 문장력 UP

주어 이름이 Ben인 유명한 배우

동사 머물렀다(과거) → stayed

어순 S(명사)＋관계사절＋V＋나머지 말
(배우＋그의 이름은 Ben)

|1| 두 문장의 <u>공통된 부분</u>이 소유의 관계일 때, 소유격 관계대명사 whose를 써요.

The girl is my sister.　　Her eyes are big.

→ The girl whose eyes are big is my sister. 눈이 큰 그 소녀는 내 여동생이다.
　　　　└→ 두 문장을 이어 주는 접속사의 역할＋소유격 대명사 her의 역할

|2| 소유격 관계대명사 whose는 선행사가 사람이든, 사물이든 상관없이 쓸 수 있어요.

The shirt got dirty.　　Its color is red.

→ The shirt whose color is red got dirty. 색이 빨간 그 셔츠는 더러워졌다.
　선행사 ←┘　　└→ 소유격 관계대명사: 〈접속사＋소유격 대명사(its)〉
* 소유격 관계대명사 뒤에는 항상 명사가 와요.

|3| 소유격 관계대명사 whose는 that으로 바꿔 쓸 수 없어요.

I know the boy whose parents are teachers. 나는 부모님이 선생님인 그 소년을 안다.
　　　　　　　　≠ that

빈출 유형 해결

해설
- ☑ '이름이 Ben인 유명한 배우'는 '유명한 배우'와 '그의 이름은 Ben이다'로 연결된 말이고 '배우'와 '그의 이름'은 소유의 관계예요.
- ☑ 따라서 주어는 소유격 관계대명사를 써서, A famous actor whose name is Ben과 같이 써요.
- ☑ 동사는 과거로 stayed로 쓰고 here가 문장 맨 마지막에 와요.

정답 A famous actor whose name is Ben stayed

[01~04] 우리말과 일치하도록 주어진 말을 활용하여 문장을 완성하시오.

01

> 나는 취미가 독서인 친구가 있다.
> (a friend, have, reading, hobby, is)

→ <u>I have a friend that her hobby is reading.</u> **(X)**

👤 위의 오답에서 **틀린 부분**을 찾아 바르게 고쳐 주세요.

☑ 관계대명사   ☑ 소유격 대명사 삭제

→ _____

💬👤 '친구'와 '그 친구의 취미'는 소유의 관계이므로 소유격 관계대명 사 whose를 쓰고, 소유격 대명사 her나 his는 쓰지 않아요.

02

> 자신의 아버지가 시장인 한 소년이 나의 반에 있다. (the mayor, boy, father, is)

→ _____

in my class.

03

> 점수가 가장 높은 사람이 이걸 가질 것이다.
> (the person, score, get, highest, the, is)

→ _____

this.

04

> 머리카락이 긴 그 소녀는 Julie이다.
> (is, girl, hair, is, long)

→ _____

Julie.

[05~06] 어법상 틀린 부분을 찾아 고쳐 쓰시오.

05 I saw the building that walls are white.

_____ → _____

💬👤 소유격 관계대명사는 that과 바꿔 쓸 수 없어요.

06 The man whose his wife is an artist is John.

_____ → _____

[07~08] 다음 두 문장을 관계대명사를 사용하여 한 문장으로 만드시오.

07

> • I have a friend.
> • Her family lives in Japan.

→ _____

in Japan.

08

> • He is my neighbor.
> • His dog bit me.

→ He _____ .

[09~10] 다음 표를 보고, 문장을 완성하시오.

이름	직업	특징
Mr. Lee	a teacher	His class is noisy.
Ms. Kim	a doctor	Her hospital is near here.

09 Mr. Lee is _____ .

10 Ms. Kim is _____ .

우리말과 일치하도록 주어진 말과 관계대명사를 활용하여 대화를 완성
하시오. (필요시 형태를 변형할 것)

A: This is the picture that John took.
B: I think 네가 찍은 것이 그의 것보다 더 나아.
   (than, take, better, his)
A: Thanks.

 문장력 UP

주어 네가 찍은 것(단수 취급)
동사 ~이다(be/현재) → is
어순 S(what절) + V + C(비교급) than ~

→ _____

필수 문법

| 1 | 선행사가 없이 '~한 것'이라고 쓸 때는 관계대명사 what을 써요.

He liked the story that I wrote. 그는 내가 쓴 그 이야기를 좋아했다. *〈선행사 + 관계대명사절〉
→ He liked what I wrote. 그는 내가 쓴 것을 좋아했다. *〈what절(선행사 X)〉

| 2 | 〈what + 주어 + 동사〉(평서문 어순)는 주어, 목적어, 보어 자리에 쓸 수 있어요.

[주어]   What I wrote became popular. 내가 쓴 것은 인기가 많아졌다.
[목적어] He liked what I wrote. 그는 내가 쓴 것을 좋아했다.
[보어]   This is what I wrote. 이것이 내가 쓴 것이다.

| 3 | 다음의 경우에 주의하여 영작하세요.

[선행사가 있을 때]   I have everything ~~what~~ I need. → 선행사가 있으므로 what을 쓰지 않고
              → I have what I need.   that[which]을 쓰거나 목적격이므로 생략 가능

[what절의 목적어] This is what I wanted ~~it~~. → what 자체가 목적어의 역할을 하므로 목적어 it은 쓰지 않음

빈출 유형 해결

해설
☑ 주어는 '네가 찍은 사진'이 아닌, '네가 찍은 것'이므로 what you took로 써요.
☑ 그 뒤에 be동사와 보어(비교급)를 is better로 쓰고 〈전치사 than + his(그의 것)〉의 순서로 써요.

정답 what you took is better than his

실전 유형으로 PRACTICE

대화 완성

[01~04] 우리말과 일치하도록 주어진 말과 관계대명사를 활용하여 대화를 완성하시오. (필요시 형태를 변형할 것)

01
A: I saw many things there.
B: 네가 거기서 본 것을 우리에게 말해 줘.
(tell, see, us, there)

→ Tell that you see there us.　　　　(X)

🧑 위의 오답에서 틀린 부분을 찾아 바르게 고쳐 주세요.

　　☑ tell의 간접 목적어 자리　　☑ 관계대명사

→ _____

💬 '~한 명사'가 아니라 '~한 것'이므로 what을 써야 하며, 간접 목적어(us)는 tell 바로 뒤에 쓰고, 직접 목적어(what ~)를 그 다음에 써요.

02
A: I'm so nervous about the audition.
B: Don't be nervous. 그냥 네가 할 수 있는 것을 그들에게 보여 줘. (show, do, can)

→ Just _____ .

03
A: She told me that she was sick.
B: I'm not sure about that.
난 그녀가 말하는 것을 믿을 수 없어.
(believe, say, can)

→ I _____ .

04
A: Something made you upset.
What was it?
B: 나를 화나게 만든 것은 그 큰 소음이었어.
(make, upset)

→ _____ the loud noise.

💬 관계대명사절의 동사의 시제에 유의하세요.

오류 수정

[05~06] 어법상 틀린 부분을 찾아 고쳐 쓰시오.

05 He has everything what he asked for.

_____ → _____

06 Enthusiasm is that you really need.

_____ → _____

단어 배열

[07~08] 우리말과 일치하도록 주어진 말을 알맞게 배열하시오.

07 그 결과는 내가 예상했던 것이다.
(the / what / is / I / result / expected)

→ _____ .

08 네가 원하는 것이 항상 네가 얻는 것이 아니다.
(what / what / you / you / not / want / is /
always / get)

→ _____

조건 영작

[09~10] 다음 |보기|의 문장을 읽고, |조건|에 맞게 문장을 완성하시오.

보기
(A) Find something that we can use.
(B) I heard that Jisu came by last night.
(C) That was the thing that made her sad.
(D) She heard that her son won the game.

조건
· (A)~(D) 중 관계대명사절이 있는 문장 2개를 찾아
기호를 쓸 것
· 2개의 문장을 명사절이 되도록 고쳐 쓸 것

09 (　　　) → _____

10 (　　　) → _____

중간고사·기말고사 실전문제

[01~05] 어법상 틀린 부분을 찾아 고쳐 쓰시오.

01 Emma is the woman which I love.

_____ → _____

02 I have a sister whom likes ice cream.

_____ → _____

03 He is an artist whom works are unique.

_____ → _____

04 She is a person whom I trust her.

_____ → _____

05 Jason always remembers the things what he learned.

_____ → _____

[06~10] 우리말과 일치하도록 주어진 말을 알맞게 배열하시오.

06
그 매미는 땅속에서 17년간 사는 곤충이다.
(is / the cicada / lives / that / an insect / underground / for 17 years)

→ _____

07
지난주에 우리가 경험한 그 날씨는 훌륭했다.
(was / we / the weather / experienced / last week / great)

→ _____

08
나는 그가 먹고 있는 것을 원한다.
(he / I / want / eating / is / what)

→ _____

09
자전거를 도난당한 그 아이는 속상해했다.
(bike / whose / the kid / was / stolen)

→ _____ was upset.

10
내가 종종 방문하는 그 이웃은 길 건너편에 산다.
(lives / the neighbor / I / visit / often)

→ _____ across the street.

[11~15] 우리말과 일치하도록 주어진 말과 관계대명사를 활용하여 빈칸에 알맞은 말을 쓰시오.

11 이것은 John이 지은 집이다. (the house, built)

→ This _____ _____ _____

_____ _____ _____ .

12 우리가 먹은 그 케이크는 맛있었다.
(the cake, ate, tasty)

→ _____ _____ _____ _____

_____ _____ _____ .

13 나는 도망갔던 그 개를 찾았다.

(found, the dog, ran away)

→ _____ _____ _____

_____ _____ _____.

14 나는 무서운 영화를 좋아하지 않는다. (movies, scary)

→ I don't _____ _____ _____

_____ _____.

15 나는 네가 방금 말한 것을 들었다. (heard, said)

→ _____ _____ _____

just _____.

문장 완성

[16~20] 우리말과 일치하도록 관계대명사를 활용하여 문장을 완성하시오. (관계대명사를 생략 가능한 경우 생략할 것)

16 이 책을 쓴 작가는 캐나다인이다.

(the writer, wrote, Canadian)

→ _____

17 사과 주스는 내가 날마다 마시는 것이다.

(apple juice, drink, every day, what)

→ _____

18 Emma가 산 그 컵은 그 테이블 위에 있다.

(the cup, bought, on the table)

→ _____

19 그 경주에서 이긴 달리기 선수는 내 친구이다.

(won, is, the runner, the race, friend)

→ _____

20 나는 집이 해변에 가까운 친구가 있다.

(have, a friend, house, close to the beach)

→ _____

한 문장으로 쓰기

[21~25] 다음 두 문장을 관계대명사를 활용하여 한 문장으로 만드시오.

21

- My math teacher is Mr. Brown.
- He has a friendly smile.

→ _____

smile.

22

- Ben has a dog.
- Its tail is white.

→ _____

23

- It's the cat.
- It likes to sit on my lap.

→ _____

24

- I have a sister.
- She is two years younger than me.

→ _____

25

- Jane likes the house.
- Its garden is beautiful.

→ _____

[26~27] 다음 두 문장을 관계대명사 what을 활용하여 한 문장으로 만드시오.

26

- Please tell me something.
- What do you want for dinner?

→ _____

27

- Nature is something.
- It makes me calm.

→ _____

대화 완성
[28~30] 대화를 읽고, 주어진 말을 알맞게 배열하시오.

28

A: I don't think I've ever seen your dad.
B: Yes, you have.

_____
my dad. (waved at / the man / who / us / was / yesterday)

29

A: Do you know who she is?
B: I do. _____
goes outside. (my neighbor / cat / never / whose / that's)

30

A: Does anyone you know live abroad?
B: Yes. _____
last month. (a cousin / America / I / have / moved to / who)

대화 완성
[31~32] 대화를 읽고, 밑줄 친 우리말을 관계대명사를 사용하여 알맞게 영작하시오.

31

A: Who is Dan?
B: Dan은 아버지가 외교관인 소년이야.
(a boy, father, a diplomat)

→ _____

32

A: Why do you like running?
B: 달리기는 내게 에너지를 주는 것이야. (gives)

→ _____ energy.

조건 영작
[33~37] 우리말을 │조건│에 맞게 영작하시오.

33

│조건│
- 6 단어로 쓸 것
- 관계대명사를 생략할 것
- the book, reading, mine을 사용할 것

네가 읽고 있는 그 책은 나의 것이야.

→ _____

34

│조건│
- 8 단어로 쓸 것
- 관계대명사를 사용할 것 (that은 제외)
- have, a friend, has, puppy를 사용할 것

나에게는 강아지 세 마리를 가진 친구가 있다.

→ _____

35

│조건│
- 8 단어로 쓸 것
- 관계대명사를 사용할 것 (that은 제외)
- the hill, climbed, yesterday, high를 사용할 것

내가 어제 오른 언덕은 높았다.

→ _____

36

조건
- 10 단어로 쓸 것
- 관계대명사를 사용할 것 (who는 제외)
- looking at, the children, playing outside를 사용할 것

나는 밖에서 놀고 있는 그 아이들을 바라보고 있다.

→ _____

37

조건
- 10 단어로 쓸 것
- 관계대명사를 생략할 것
- the boy, on the bus, saw를 사용할 것

우리가 버스에서 본 그 소년은 나의 친구이다.

→ _____

그림 영작

38 다음 그림을 보고, 보기의 표현 중 세 가지를 활용하여 각 문장을 완성하시오.

보기
whose   who   That's the boy
bike broke down   like to play soccer
I have two younger brothers

(1)

→ _____

(2)

→ _____

도표 영작

39 다음 표를 보고, 보기의 관계대명사를 활용하여 문장을 완성하시오.

보기
who   whose   what

Jinju	Taehwan
likes to exercise	likes to wear boots
Her glasses broke yesterday.	His cat is named Lily.

(1) Jinju is a girl _____ _____ _____ exercise.

(2) Boots are _____ _____ _____ _____ wear.

(3) Jinju is a girl _____ _____ _____ yesterday.

(4) Taehwan is a boy _____ _____ _____ _____ Lily.

오류 수정 – 고난도

40 다음 중 어법상 틀린 문장 3개를 찾아 고쳐 쓰시오.

(A) I went to a restaurant that I found online.
(B) This is that I wanted to show you.
(C) I have a friend whose her hair is very curly.
(D) The man who lives in that house works for a bank.
(E) Henry always eats what I cook the food.

	기호	틀린 부분	고친 내용
(1)			
(2)			
(3)			

불규칙 동사 변화 IRREGULAR VERBS

구분	원형	과거형	과거분사형(p.p.)	의미
A A A	cast [kæst]	cast [kæst]	cast [kæst]	던지다
	broadcast [brɔ́:dkæ̀st]	broadcast [brɔ́:dkæ̀st]	broadcast [brɔ́:dkæ̀st]	방송하다
	cost [kɔ(:)st]	cost [kɔ(:)st]	cost [kɔ(:)st]	(비용이) 들다
	cut [kʌt]	cut [kʌt]	cut [kʌt]	자르다
	fit [fit]	fit [fit]	fit [fit]	(크기 등이) 맞다
	hit [hit]	hit [hit]	hit [hit]	치다
	hurt [həːrt]	hurt [həːrt]	hurt [həːrt]	다치게 하다, 다치다
	let [let]	let [let]	let [let]	하게 하다
	put [put]	put [put]	put [put]	놓다, 두다
	quit [kwit]	quit [kwit]	quit [kwit]	그만두다
	read [riːd]	read [red]	read [red]	읽다
	set [set]	set [set]	set [set]	놓다, 설치하다
	shut [ʃʌt]	shut [ʃʌt]	shut [ʃʌt]	닫다
	spread [spred]	spread [spred]	spread [spred]	펴다, 퍼지다
A A A'	beat [biːt]	beat [biːt]	beaten [bíːtən]	때리다
A B A	become [bikʌ́m]	became [bikéim]	become [bikʌ́m]	~이 되다, ~해지다
	come [kʌm]	came [keim]	come [kʌm]	오다
	run [rʌn]	ran [ræn]	run [rʌn]	달리다
A B A'	arise [əráiz]	arose [əróuz]	arisen [ərízən]	(일 등이) 일어나다
	be (am / is / are)	was / were	been [bin]	~(이)다, ~에 있다
	blow [blou]	blew [bluː]	blown [bloun]	(바람 등이) 불다
	do [du]	did [did]	done [dʌn]	하다
	draw [drɔː]	drew [druː]	drawn [drɔːn]	당기다; 그리다
	drive [draiv]	drove [drouv]	driven [drívən]	운전하다
	eat [iːt]	ate [eit]	eaten [íːtən]	먹다
	fall [fɔːl]	fell [fel]	fallen [fɔ́ːlən]	떨어지다
	forgive [fərgív]	forgave [fərgéiv]	forgiven [fərgívən]	용서하다
	give [giv]	gave [geiv]	given [gívən]	주다
	go [gou]	went [went]	gone [gɔ(:)n]	가다

구분	원형	과거형	과거분사형(p.p.)	의미
A B A'	grow [grou]	grew [gru:]	grown [groun]	자라다, 키우다
	know [nou]	knew [nju:]	known [noun]	알다
	ride [raid]	rode [roud]	ridden [rídən]	(차나 기구 등에) 타다
	rise [raiz]	rose [rouz]	risen [rízən]	일어서다, 올라가다
	see [si:]	saw [sɔ:]	seen [si:n]	보다
	shake [ʃeik]	shook [ʃuk]	shaken [ʃéikən]	흔들다
	show [ʃou]	showed [ʃoud]	shown [ʃoun]	보여 주다
	take [teik]	took [tuk]	taken [téikən]	가져가다, 취하다
	throw [θrou]	threw [θru:]	thrown [θroun]	던지다
	write [rait]	wrote [rout]	written [rítən]	쓰다
A B B	bend [bend]	bent [bent]	bent [bent]	구부리다
	bind [baind]	bound [baund]	bound [baund]	묶다
	bring [briŋ]	brought [brɔ:t]	brought [brɔ:t]	가져오다
	build [bild]	built [bilt]	built [bilt]	(건물 등을) 짓다
	burn [bə:rn]	burnt [bə:rnt]	burnt [bə:rnt]	(불에) 타다, 태우다
	buy [bai]	bought [bɔ:t]	bought [bɔ:t]	사다
	catch [kætʃ]	caught [kɔ:t]	caught [kɔ:t]	잡다
	dig [dig]	dug [dʌg]	dug [dʌg]	파다
	dream [dri:m]	dreamt [dremt] / dreamed	dreamt [dremt] / dreamed	꿈꾸다
	feed [fi:d]	fed [fed]	fed [fed]	먹이다
	feel [fi:l]	felt [felt]	felt [felt]	느끼다
	fight [fait]	fought [fɔ:t]	fought [fɔ:t]	싸우다
	find [faind]	found [faund]	found [faund]	발견하다
	grind [graind]	ground [graund]	ground [graund]	갈다
	hang [hæŋ]	hung [hʌŋ]	hung [hʌŋ]	걸다
	have [hæv]	had [hæd]	had [hæd]	가지다; 먹다
	hear [hiər]	heard [hə:rd]	heard [hə:rd]	듣다
	hold [hould]	held [held]	held [held]	지니다, 쥐다

구분	원형	과거형	과거분사형(p.p.)	의미
	keep [ki:p]	kept [kept]	kept [kept]	유지하다, 지키다
	lay [lei]	laid [leid]	laid [leid]	두다, 놓다
	lead [li:d]	led [led]	led [led]	이끌다
	leave [li:v]	left [left]	left [left]	떠나다
	lend [lend]	lent [lent]	lent [lent]	빌려주다
	lose [lu:z]	lost [lɔ(:)st]	lost [lɔ(:)st]	잃다
	make [meik]	made [meid]	made [meid]	만들다
	mean [mi:n]	meant [ment]	meant [ment]	의미하다
	meet [mi:t]	met [met]	met [met]	만나다
	pay [pei]	paid [peid]	paid [peid]	지불하다
	say [sei]	said [sed]	said [sed]	말하다
	seek [si:k]	sought [sɔ:t]	sought [sɔ:t]	찾다, 구하다
	sell [sel]	sold [sould]	sold [sould]	팔다
	send [send]	sent [sent]	sent [sent]	보내다
A B B	shine [ʃain]	shone [ʃoun]	shone [ʃoun]	빛나다
	shoot [ʃu:t]	shot [ʃat]	shot [ʃat]	쏘다
	sit [sit]	sat [sæt]	sat [sæt]	앉다
	sleep [sli:p]	slept [slept]	slept [slept]	자다
	slide [slaid]	slid [slid]	slid [slid]	미끄러지다
	smell [smel]	smelt [smelt] / smelled	smelt [smelt] / smelled	냄새 맡다, 냄새가 나다
	spend [spend]	spent [spent]	spent [spent]	소비하다
	spin [spin]	spun [spʌn]	spun [spʌn]	돌다, 회전하다
	spoil [spɔil]	spoilt [spɔilt] / spoiled	spoilt [spɔilt] / spoiled	손상시키다, 망치다
	stand [stænd]	stood [stud]	stood [stud]	서다
	strike [straik]	struck [strʌk]	struck [strʌk]	치다, 때리다
	sweep [swi:p]	swept [swept]	swept [swept]	쓸다, 비질하다
	swing [swiŋ]	swung [swʌŋ]	swung [swʌŋ]	흔들다, 흔들리다
	teach [ti:tʃ]	taught [tɔ:t]	taught [tɔ:t]	가르치다
	tell [tel]	told [tould]	told [tould]	이야기하다

구분	원형	과거형	과거분사형(p.p.)	의미
A B B	think [θiŋk]	thought [θɔːt]	thought [θɔːt]	생각하다
	understand [ʌndərstǽnd]	understood [ʌndərstúd]	understood [ʌndərstúd]	이해하다
	wake [weik]	woke [wouk]	woken [wóukən]	깨다, 깨우다
	win [win]	won [wʌn]	won [wʌn]	이기다
	wind [waind]	wound [waund]	wound [waund]	감다
A B B'	bear [bɛər]	bore [bɔːr]	born [bɔːrn]	낳다; 참다
	bite [bait]	bit [bit]	bitten [bítən]	물다
	break [breik]	broke [brouk]	broken [bróukən]	깨뜨리다
	choose [tʃuːz]	chose [tʃouz]	chosen [tʃóuzən]	고르다
	forget [fərgét]	forgot [fərgát]	forgotten [fərgátən]	잊다
	freeze [friːz]	froze [frouz]	frozen [fróuzən]	얼다, 얼리다
	get [get]	got [gat]	gotten [gátən] / got [gat]	얻다
	hide [haid]	hid [hid]	hidden [hídən]	감추다
	speak [spiːk]	spoke [spouk]	spoken [spóukən]	말하다
	steal [stiːl]	stole [stoul]	stolen [stóulən]	훔치다
	tear [tiər]	tore [tɔːr]	torn [tɔːrn]	찢다
	wear [wɛər]	wore [wɔːr]	worn [wɔːrn]	입다
A B C	begin [bigín]	began [bigǽn]	begun [bigʌ́n]	시작하다
	drink [driŋk]	drank [dræŋk]	drunk [drʌŋk]	마시다
	fly [flai]	flew [fluː]	flown [floun]	날다
	lie [lai]	lay [lei]	lain [lein]	눕다, 가로로 놓여 있다
	ring [riŋ]	rang [ræŋ]	rung [rʌŋ]	울리다
	sing [siŋ]	sang [sæŋ]	sung [sʌŋ]	노래하다
	sink [siŋk]	sank [sæŋk]	sunk [sʌŋk]	가라앉다
	swim [swim]	swam [swæm]	swum [swʌm]	수영하다
조동사	can [kæn]	could [kud]	–	～할 수 있다
	may [mei]	might [mait]	–	～할지도 모른다
	shall [ʃæl]	should [ʃud]	–	～할 것이다
	will [wil]	would [wud]	–	～할 것이다